Silvia Wallimann

Engelgebete

Silvia Wallimann

Engelgebete

Verlag Hermann Bauer
Freiburg im Breisgau

Die Deutsche Bibliothek – CIP-Einheitsaufnahme

Wallimann, Silvia:
Engelgebete / Silvia Wallimann. –
7. Aufl., – Freiburg im Breisgau : Bauer, 1999
ISBN 3-7626-0395-2

7. Auflage 1999
ISBN 3-7626-0395-2

Umschlagzeichnung: Peter Wallimann
Satz: Typomedia Satztechnik GmbH, Ostfildern
Druck und Bindung: Ebner Ulm
Printed in Germany

Gedruckt auf chlorfrei gebleichtem Papier

Einleitung

Dieser Sonderdruck faßt in handlicher Form die Gebete zusammen, die in meinem Buch *Mit Engeln beten* im Verlag Hermann Bauer erschienen sind. Wie dort im einzelnen ausgeführt, erhielt ich diese Gebete in tiefer Versenkung, wenn ich an Bewußtseinsebenen jenseits von Zeit und Raum angeschlossen war. Dem Leser, der das Buch *Mit Engeln beten* nicht kennt, mögen die folgenden Zitate einiger Engel-Durchgaben hilfreich sein.

»Es ist ein großes Anliegen vieler Lichtwesen aus unterschiedlichen Dimensionen und Sphären, eurem Planeten und den auf seiner Oberfläche lebenden Menschen Gebete zu übermitteln. Die Bewußtseinsentwicklung eures Planeten und seiner Menschen ist inzwischen so weit vorangeschritten, daß manche alten Gebete dem nicht mehr entsprechen und ihre Wirkung verfehlen. Deshalb ist eine Erneuerung des Gebetsschatzes wichtig. Als Diener der allumfassenden göttlichen Liebe machen wir euch mit Gebeten vertraut, die in höheren Frequenzen schwingen.«

»Betet, damit die Liebe und die Kraft des in euch wohnenden Christus sich eurem Menschsein mitteile. Öffnet mit den Strömen der Liebe eure Herzen, damit ihr den Weg zu Gott in euch leichter findet. Lernt, euch mehr und mehr auf eure innere Stimme zu verlassen. Viele Engelwesen sind zu jeder Stunde um euch herum. Macht euch durchlässig für ihre Energieformen, so daß sie euch helfen dürfen, eure Bewußtsein zu Gott in euch zurückzuführen. Und wenn ihr leidet, weil euer Hohes Selbst euch Bewußtseinstüren öffnen will, erzeugt Gebetsschwingungen und laßt sie in das Leiden hineinfließen. Wunderbare körperliche und seelische Hilfen können euch dadurch zuteil werden. Nutzt eure göttliche Energie, die euch grenzenlos zur Verfügung steht. Die Gnade Gottes versiegt niemals. Labt euch an dieser Quelle.«

»Der Leser erwarte nicht, daß alle Gebete, die wir vermitteln, ihn vom Inhalt oder vom Sprachgefühl her ansprechen. Unser Auftrag besteht darin, eine möglichst breite Palette von Gebeten bereitzustellen, mit denen wir Bewußtsein aller Entwicklungsebenen, ohne sie zu bewerten, energetisch berühren. Vergeßt bitte auch nicht, daß in jedem Menschen, je nach Situation und Stimmung, unterschiedlich reife Bewußtsein tätig sind und deshalb jeweils andere Gebetsschwingungen ihn anziehen. Teilt die Gebete nicht in gute und weniger gute ein, sondern erspürt in jedem Einzelfalle, welche Gebetsschwingungen die für euch richtige Energie freisetzen und die Frequenz eurer Bewußtsein anheben.«

»Sprecht die Gebete möglichst immer laut, denn dann setzen ihre Schwingungen geradezu eine Flut von Energien frei, die eure Bewußtsein gerne aufnehmen. Bleibt euch bewußt, daß es eine Trennung zwischen Gott und Mensch nicht gibt. Wann immer ihr also betet, betet zu Gott in eurem Herzen . . .«

Gebete von Schwester Céline

Fernab der Welt, dem Reich Gottes nah,
Am Himmelszelt das Christusbild ich sah.
Ich rief IHN an: o Himmelssohn,
Laß sprechen mich zu Dir, laß mich
Durch Dich erkennen Deinen Vater, Gott.
Fernab der Welt, dem Reiche Gottes nah,
Das Zeichen DEINES Geistes ich dann sah.
Sie flog, die weiße Taube,
Durch Sphären mir voran,
Hinein in Gottes Liebe,
In der ich wachsen kann.
Wonne, Seligkeit,
Ich ström' Gott entgegen.
Amen.

Gott,
Du bist das Licht in mir und das Geheimnis.
Gott, Du bist das Wort, der Geist,
Du bist die Liebe und das ewige Leben.
Gott, vereinige mich mit Deiner Liebe.
Verändere mein Sein nach Deinem Willen,
Damit ich in Deinem Sein ewig bin.
Amen.

Jesus,
Du bist die Kraft
Im Atemstrom
Meines Seins.
Amen.

Jesus, in den Hallen des Himmels
Lobpreisen die Engel den Vater.
Die unsterblichen Sonnen,
Die strahlenden Sterne
Dienen Deinem Gesetz.
Jesus, durchschreite das Tal meines Lebens.
Umschließe mein Herz mit Deinem Herzen.
Jesus, in den Hallen des Himmels
Lobpreisen die Engel den Vater.
Du, meine Seele, stimm' ein
In den Lobgesang Gottes
Und danke dem liebenden Vater.
Amen.

Wahrer lebendiger Gott,
Lebensfunke in allem Sein,
Urkraft der Schöpfung,
Unsterbliche Ewigkeit,
Unsere Bewußtsein
Beten Dich an.
Amen.

Herr Jesus Christus,
König aller Könige,
Die Pflanzen und Tiere,
Die Winde und Wellen,
Die Sonnen und Monde,
Planeten und Sterne,
Die Menschen und Völker
Beten Dich an
Und preisen Dich ewiglich.
Amen.

Gott, ich bitte Dich,
Wirf Dein Licht auf meine Schatten.
Amen.

Gott,
Nimm auf
Meines Lebens Traum
In Deine Liebe.
Mit allen Bewußtsein
Ruf' ich Dir zu:
Ruhm Dir, o Gott,
Und Ehre.
Amen.

Gott,
Erfülle in mir Deinen Willen,
Gib meinen Bewußtsein Kraft,
Damit sie wie Heere des Lichtes
Die Dunkelheit bezwingen
Und Dich, o Gott,
Ewig preisen.
Amen.

Liebender Vater, ich danke Dir,
Daß durch Deine Kraft in mir
Meine Bewußtsein und ich ein Dasein haben.
Liebender Vater, ich danke Dir,
Daß Deine Harmonie mir und meiner Seele
Kraft und Frieden schenken.
Liebender Vater, Schöpfer meines Lebens,
Führe mein Sein hinein in Deine Ewigkeit.
Amen.

Schöpfergeist,
Jeder Atemzug
Verbindet mich
Mit Deiner Kraft.
Ich bete Dich an
Und danke Dir.
Amen.

Liebender Vater,
Ewiger Gott,
Ich habe mich verloren
In meinem Wort,
In meiner Zeit,
In meiner Heimatlosigkeit.
Nimm mich auf, o Herr,
In Dein Wort, in Deine Zeit,
In Deine Ewigkeit.
Amen.

Jesus, Sohn Gottes,
Liebendes Erbarmen,
Glanz meiner Seele,
Nimm an meine Liebe zu Dir.
Amen.

Liebender Vater,
Ewiger Gott,
Heb' Du des Geistes Schwingen,
Meine Verzweiflung zu durchdringen.
Lenke meine Schritte
In Deines Herzens Mitte,
Damit Dein Licht der Liebe
Mir scheine und
Deinen Pfad ich geh'.
Amen.

Du Vater allen Seins,
Du Vater aller Wesen,
Du Seele aller Seelen,
Du Glanz aller Sonnen,
Du Strom aller Ströme,
Du Herrscher aller Zeiten,
Erbarme Dich unser.
Amen.

Gott,
Genährt von Deiner Liebe,
Gestärkt durch Deine Gnade,
Getröstet durch Dein Wort
Leb' ich Dir entgegen.
Amen.

Gott,
Öffne Du mein Herz,
Bedränge es mit Deiner Liebe,
Damit die Fülle Deiner Kraft
Die Last der Sorgen trage.
Amen.

Jesus,
In Deine Tiefe sinkend
Steig ich empor zum Himmel.
Amen.

Jesus, gleißender Strom des Lichts,
Ewiger Quell des Friedens,
Weites Meer der Hoffnung,
Unendlicher Ozean und Fülle meiner Kraft,
Erbarme Dich Deiner Kinder.
Amen.

Jesus, in Stunden voller Not,
In Angst und Weh
Schreit meine Seele Dir entgegen.
Gib meinem Leben Deinen Sinn
Und Deine Hoffnung.
Amen.

Jesus,
Dein Tod
Ist des Menschen Licht,
Deine Hoffnung
Seine Ewigkeit.
Amen.

Jesus,
Verströme Dich
In meinem Leben.
Amen.

Jesus,
Dein Friede
In mir
Ist Versöhnung.
Amen.

Jesus, Du ewiges Licht,
Das hier und jenseits brennt.
Durchstrahle das Heer meiner Ängste.
Jesus, Du ewiges Licht,
Erlöse mich von der Gewalt
Meiner Gedanken.
Amen.

Jesus,
Wenn Deine Liebe erglüht
In meinem Wesen,
Wird in mir Licht.
Amen.

Kosmischer Geist der Liebe,
Deine Gnade fließt als himmlische Musik,
Als grenzenloses Lied durch alle Universen.
Und im Antlitz des Lichtes
Erlöst Du die Dunkelheit.
Amen.

Gott,
Du bist der Weg,
Über den ich gehe.
Du bist meiner Stimme Schall,
Du bist das Wort meiner Lippen,
Du bist das Licht meiner Tugend,
Du bist der Glanz meiner Augen,
Du bist die Wahrheit meiner Gedanken,
Du bist der Friede meines Herzens,
Du bist die Liebe meiner Hände,
Du bist der Durst meiner Seele.
Und wenn die Stund' des Todes
Mich umschlingt,
Bist Du mein Ziel.
Amen.

Jesus, Du meine sanfte Stille,
Du mein Trost
In dunkler Nacht,
Du meine Seelenfülle,
Du meine Willensmacht.
Jesus, Du meine Wonne,
Du meine Glückseligkeit,
Strahl' hinein als Sonne
In mein Bild der Sterblichkeit.
Amen.

Ewiger Geist,
Du Atem des Universums,
Du formloses Eine,
Du Strom meines Lebens,
Du Meister meines Willens,
Segne mich.
Amen.

Ewiger Geist,
Du heiliges Licht,
Du ewiger Strahl der Liebe,
Du lebendiges Feuer,
Durchströme mich.
Von Deinem Sein
Bin ich ein Schatten,
Ein Funke nur
In Deinem Licht.
Gott,
Du Herrlichkeit
In meinem Seelenraum,
Du Fülle meiner Kraft,
In Dir möcht' ich leben,
In Dir allein.
Amen.

Jesus, o Strahl des Lichtes,
Zu fluten scheint mein Geist
Im Meere Deiner Schöpfung.
Jesus, o mein Sehnen,
Geheimnisvolles Ganzes meines Seins,
Feuerstrom der Seele,
Himmel meines Lebens,
Liebesstern der Erde,
Nimm mich auf
In den Glanz Deiner Herrlichkeit.
Amen.

Seelen leuchten
Wie Sterne,
Eingebunden
Im Wesen Gottes.
Engel,
Des Äthers Strahl,
Menschen
durchdringend.
Gebet,
Frieden des Herzens,
Göttliche Wonne
Im irdischen Kleid.
Amen.

Gott,
Du bist der Baum ewiger Hoffnung,
Die Frucht ist ewige Liebe.
Gott,
Laß mich von den Früchten
Deines Baumes essen,
Damit ich nach Deinem Bild
Ewige Hoffnung und Liebe bin.
Amen.

Heiliger Geist

In den Sonnen des Universums,
In den Strömen des Alls,
In den Strahlen des Lichts,
In den Farben der Blumen,
Im Gesang der Natur
Offenbarst Du, o göttlicher Geist,
Die Macht Deiner Liebe unserem Dasein.
Amen.

Heiliger Geist,
Atem der Welt,
Schaffende Kraft,
Verbinde neu
Mein Menschsein
Mit Dir,
Heiliger Geist.
Amen.

Heiliger Geist,
Lebe und wirke Du in mir.
Durchdringe mich
Ewiglich.
Laß mich fühlen,
Daß ich bin,
Daß ich bin durch Dich.
Heiliger Geist,
Ich lebe in Dir.
Amen.

Heiliger Geist,
Gottes Wahrheit in mir.
Irdische Verlorenheit.
Zuflucht in Dir.
Heiliger Geist,
Ewiges Wort in mir.
Irdische Dunkelheit.
Dein Licht in mir,
Heiliger Geist.
Christus in mir.
Irdischer Tod.
Ewiges Leben in Dir,
Heiliger Geist.
Amen.

Engel

Kosmischer Vater,
Engelwesen fließen,
Von Deinem Glanz durchstrahlt,
Durch Raum und Zeit
Und preisen Deine Herrlichkeit.
Sie streuen Frieden aus und Stille,
Mut und Trost in Fülle.
Sie lehren Deine Liebe uns,
Und daß wir ewig sind.
Kosmischer Vater,
Engelwesen fließen,
Von Deinem Glanz durchstrahlt,
Durch Raum und Zeit.
Ich preis' mit ihnen Deine Herrlichkeit.
Amen.

Engelwesen zart
Berühren meine Seele,
Sie kränzen mit
Geistigen Blumen
Mein irdisches Haupt,
Das sich
Vor Dir, o Gott,
Demütig beugt.
Amen.

Vater,
Die Engel
Sind himmlische Blumen,
Sonnen im nächtlichen All,
Ströme des Friedens,
Melodien des Gebets.
Sie loben und preisen Dich.
Meine Bewußtsein und ich
Binden sich ein
In ihren Gesang zu Deinen Ehren.
Amen.

Engel,
Kosmische Klänge der Liebe,
Selige Töne der Herzen,
Sanftmut der Seelen,
Stimmen der Gewissen,
Fließende Quellen
In Gottes Garten,
Nehmt auf
Den Strom unseres Lebens
Und betet mit uns zum Vater.
Amen.

Engel,
Heerscharen des Lichts,
Waltender Gesang im Kosmos,
Gebt meinem Gebet Gestalt,
Damit meine Bewußtsein
Hoffnungsvoll
Vor den Vater treten.
Amen.

Engel in meinen Augen,
Engel in meinem Herzen,
Engel auf meiner Zunge,
Schwingende Kraft im lebenden Atem.
Amen.

Liebender, schützender Engel,
Du Wesen, das mich in Liebe umhüllt,
Nimm auf die Frequenz meines Herzens,
Verbinde Dich und alle Deine Energien
Mit mir und allen meinen Energien.
Hilf mir, mich in allen Bereichen
Zu harmonisieren.
Amen.

O liebender Engel,
Vom kosmischen Vater in mein Leben gesandt.
Ich und alle meine Bewußtsein
Danken Dir für Deinen Schutz,
Für den Frieden, die Ruhe
Und die Gelassenheit,
Die sich durch Dich in meinem Herzen
Mehr und mehr ausbreiten.
Gemeinsam mit Dir
Lobpreisen wir unseren Vater.
Amen.

Gebete eines Engels

Durch Deine Güte, Schöpfergeist,
Bin ich ein ewiger Strom der Liebe,
Ein ewiges Licht, unendliche Freiheit,
Eine ewige Quelle Deines Friedens,
Ein ewiges Feuer Deines Geistes.
Durch Dich, Gott, bin ich
Ewig in Dir geborgen.
Amen.

Gott, Du hast mich befreit
Von der Qual der Materie.
Ich danke Dir, denn Du hast mich
In Deinen Frieden gerufen.
Nun bin ich als Engel Dein Werkzeug.
Führe mich, wohin Du willst.
Wirke durch mich,
Damit Dein Wille geschehe.
Amen.

Gott, ich bin am Ziel.
Dein Reich ist gekommen.
Ich fließe für immer
In den Strömen Deines Friedens.
Dein Reich ist gekommen.
Amen.

Gebet der Engel für den Frieden

Vor der Durchgabe des Gebetes »Wir Engel öffnen jetzt die Himmel« richteten sich die Engel mit folgenden Worten eigens an diejenigen Leser, die sich der Friedensarbeit widmen, und sprachen ihnen in besonderer Weise Mut zu.

Wir Licht- und Engelwesen danken von Herzen allen Menschenwesen, die sich der Arbeit für den Frieden zwischen den Völkern widmen. Ihr, die ihr mit den Energien eurer Liebe Brücken schlagt, seid euch bewußt, daß eure einzige Rettung in der bedingungslosen Liebe zwischen allen Menschen liegt. Wir verbinden uns mit euch, und unsere Energien verschmelzen mit den euren. Hoffnung wächst in euch heran und wird zu innerem Wissen, daß die Menschen trotz unterschiedlichst entwickelter Bewußtsein in Freundschaft zueinander finden werden. Legt eure Sorgen in das liebende Herz Gottes und vertraut in euren Gebeten für den Frieden dem göttlichen Erlöser.

Wir Engel öffnen jetzt die Himmel.
Es kann uns hindern keine Kraft,
Den Garten Erde zu erlösen
Von Angst, von Gier und Macht.
O Kinder des Planeten Erde,
Löst auf in eurem Sein,
Was Not und Hunger bringt,
Was Krieg und Leid erzwingt.

Wir Engel öffnen jetzt die Himmel.
In Süd und Nord, in Ost und West
Verbinden wir die Völker.
Der Liebesstrom aus unseren Sphären
Reißt alle Schranken nieder.
Und schwache Glieder
In der Menschenkette
Verstärken wir in Liebe.

Wir Engel öffnen jetzt die Himmel.
O Völker des Planeten Erde,
Die ihr verzweifelt klagt und weint,
Wir bringen allen Menschenkindern
Den Frieden Gottes, der euch eint.
Amen.

Wir Engel seh'n die Welt
So voller Angst und Not,
Von Haß und Krieg bedroht.
Erbarm' Dich, Herr,
Der Menschen und der Erde,
Daß Frieden werde.
Wir Engel breiten aus das Licht
Am Himmel, dessen Sternensaat
Auf die dunkle Erde scheint
Und ihre Leiden sanft umfängt.
Erbarm' Dich, Herr,
Der Menschen und der Erde,
Daß Frieden werde.
Wir Engel nehmen gerne
Der Menschen Herzenswunden
In unsere Gebete auf
Und fleh'n, o höchste Macht der Himmel,
Ergieße Dich mit großer Kraft
In den Leib der Erde
Und hilf den Menschenkindern,
Daß Frieden werde.
Erbarme Dich, o Herr.
Amen.

Gebete für den Frieden

O Gott,
Wunderbare Schöpferkraft
Gesegnete Vollkommenheit,
Öffne mit Deiner Liebe
Die Herzen der Menschen.
Löse auf mit Deinem Licht,
Mit Deiner heilenden Gegenwart
Die Handlungen des Krieges.
Leite mit Deiner Weisheit
Die Politiker unserer Erde
Und laß sie erfahren
Dein Gebot der Verantwortung.
O Gott,
Wir flehen Dich an,
Setze den Kraftstrom des Friedens
In allen Menschen in Bewegung.
Erbarme Dich der schuldlosen Opfer.
Nimm sie auf in Deine Seligkeit.
Erlöse uns von unserer Angst,
Verzeih' uns unsere Schuld
Und führe uns hinein
In Deine uns heilende Versöhnung.
Erleuchte uns mit Deiner Weisheit,
Stärke uns mit Deiner Kraft
Und erfülle unser Denken
Mit Deinem unbegrenzten Frieden.
Amen.

O Gott
Du mächtige Intelligenz allen Seins,
Du schöpferisches Feuer,
Du ewige Wahrheit,
Du reinste Quelle des Lichtes,
Du strahlende Gegenwart der Liebe,
Du bist das Höchste in uns Menschen,
Du bist das Leben in allem Sein.
Ich lobe, ehre und preise Dich.
Demütig bitte ich,
Durchstrahle des Menschen Verstand
Mit Deiner heiligen Kraft,
Lenke unsere Schritte,
Erlöse uns von Gedanken
Der Macht und des Krieges.
Wir bitten Dich,
Verzeih' uns unsere Unvollkommenheit,
Gib uns Deinen Segen
Und führe uns hinein
In Gerechtigkeit und Frieden.
Amen.

Gott,
Liebe ist das erste Prinzip des Lebens.
Liebe kennt weder Grenzen noch Macht.
Liebe ist das offene Tor des Friedens.
Liebe ist göttliche Lenkung und Licht.
O Gott,
In unserem Tal der Tränen,
Wo Kriege herrschen und Macht,
Fühlen sich unsere Bewußtsein bedrängt.
Sie leiden unter Schrecken und Not.
Finsternis schwebt über unserem Leben.
Doch voller Hoffnung vertrauen wir uns Dir an
Und bauen auf Dich, ewiger Gott,
Der Du überall tätig bist,
Auch dort, wo unsere Blindheit tötet.
Wir bitten Dich,
Nimm gnädig an unsere Gebete
Und sende die heilige
In ihnen wirkende Kraft
All jenen Menschen und Wesen zu,
Die einsam und verlassen sind.
Gott,
Du bist die Liebe.
Wirke in unserer Welt
Und führe uns zum Frieden.
Wir danken Dir.
Amen.

O Gott,
Unser Flehen nimmt kein Ende.
Erbarme Dich der Menschen,
Erbarm' Dich ihrer Unvollkommenheit.
Laß nicht zu,
Daß das Grauen des Krieges
Den Hunger nach Macht stillt.
O Gott,
Die Waffen röten den Osten,
Blut schreit zum Himmel,
Schwer lastend drücken Kriege
Unseren Planeten.
O Gott,
In der Mitte aller Dinge
Wohnt Deine göttliche Liebe.
Erlöse uns von unserer Blindheit.
Führe unseren Verstand hinein
In den strahlenden Gott-Mittelpunkt
Menschlicher Herzen.
Wir bitten Dich,
Laß alle erkennen,
Daß nur Gedanken der Liebe
Den Weltfrieden
Und das Überleben der Erde sichern.
Gott, Dir geben wir ewig unseren Dank.
Amen.

Gebete für die Opfer des Krieges

O Gott,
Nimm gnädig auf in Dein Erbarmen
Alle Wesen,
Die – durch die Gewalt des Krieges
Von ihren irdischen Hüllen getrennt –
Dein Licht und Deinen Frieden suchen.
Wir bitten Dich,
Laß sie erkennen das Sterben ihres Körpers
Als Geburt, als neues Leben.
O Gott,
Führe alle diese Wesen
Durch den Tunnel der Nacht.
Laß Engelscharen sie begleiten
Und heimführen
In die lieblichen Sphären
Deines Lichts und Deines Friedens.
Amen.

O Gott,
Die Fülle unseres Lebens
Birgt Krieg, Angst und Leid.
Du allein bist die Hoffnung
In unserer qualvollen Zeit.
O Gott,
Wenn die vielen Wesen
An der Schwelle bang
Das neue Leben suchen,
Laß sie vernehmen den Gesang
Deiner Engelscharen.
Vereine alle Seelen,
O Gott, mit dem atmenden All.
Amen.

Gebet eines namenlosen Lichtwesens

Herr, Allmächtiger,
Ewige Kraft der Schöpfung.
Es ist leer in den Herzen der Menschen
Und im Reich der Erde.
Herr, Allmächtiger,
Ewige Kraft der Schöpfung,
Segne die Welt und ihre Wesen.
Nimm barmherzig an ihre Opfer,
Ihre Güte und Liebe,
Löse auf
Ihre Angst und Verlassenheit.
Hilf den Wesen der Erde,
Ihre Welt mit der Kraft Deiner Liebe
Zu überwinden.
Herr, Allmächtiger,
Ewige Kraft der Schöpfung,
Entzünde das Feuer Deines heiligen Geistes
In den Bewußtsein Deiner Kinder.
Wir feinstofflichen Wesen,
Die wir auch Deine Diener sind,
Bitten Dich, Herr, Allmächtiger,
Laß uns Kanal sein zum Planeten Erde,
Damit der Lichtglanz Deiner Herrlichkeit,
Damit Deine Liebe und Deine Verzeihung
Durch ihn fließen

Und die Bewußtsein der Menschen berühren,
Damit sie verstehen Dein Wort:
ICH BIN das Licht.
Du, Herr, bist das Licht,
Das Licht aller Welten,
Das Licht in der Finsternis.
Segne und behüte alle Wesen und Welten
Und führe uns durch unsere Leben,
Bis wir heimkehren,
Heimkehren zu Dir, Vater,
Herr, Allmächtiger.
Amen.

Gebete für suchende Seelen

Herz Jesu,
Lehre mich,
Mit Deinen Augen zu sehen,
Mit Deinem Mund zu sprechen,
Mit Deinen Ohren zu hören,
Mit Deinen Händen zu trösten,
Mit Deinem Herzen zu verzeihen.
Vermehre, Jesus,
Deine Liebe
In meinem Sein.
Amen.

Herz Jesu, Du bist die Brücke und der Weg.
Laß meine Hand nicht los
Und lenke meine Schritte
Dir entgegen.
Amen.

Herz Jesu, weihe mich ein
In das Geheimnis Deines Weges.
Sprich Du in mir Wahrheit
Und taufe die Bewußtsein meiner Seele
Mit Deinem heiligen Geist.
Amen.

Herz Jesu,
Nimm mich auf in Deine Liebe.
Nimm mich auf in Deine Klarheit.
Nimm mich auf in Deinen Frieden.
Nimm mich auf in Deinen Glauben.
Laß mein Wesen teilhaben
An Deiner Auferstehung
Und an Deinem Leben.
Amen.

Göttliches Licht, Flamme meiner Seele,
Brich die Dunkelheit
Meines Verstandes, meiner Bewußtsein,
Die Dich noch nicht erkennen.
Göttliches Licht, Feuer der Erde,
Entzünde die Liebe
In den Herzen der Menschen.
Amen!

Schöpfergeist,
Nimm auf die Schwingungen
Unserer Seelen und Gedanken.
Schaffe Licht, o Gott,
Und lasse es fließen
Als Deine verbindende Kraft
Zwischen allen Religionen und Welten.
Laß uns die Kraft

Deiner ewigen Liebe neu erfahren,
Damit die scheinbaren Hoffnungen,
Die Täuschungen und Lügen
Sich nicht weiter verbergen
In dunklen Winkeln kleinster Bewußtsein.
Dein sind wir alle, o Schöpfergeist,
Wunderbar geborgen
Im Lichte Deiner Gnade.
Behüte Du uns
Und sprich zu unseren Seelen,
Damit sie in Dir neu geboren werden.
Gott, Dir allein vertrauen wir uns an.
Schöpferkraft,
Laß uns schöpfen aus Deiner Kraft,
Laß uns lieben aus Deiner Liebe,
Laß uns verzeihen aus Deiner Verzeihung.
Nimm auf, wir bitten Dich,
In Deinen heiligen Strom der Gnade
Unsere Angst und alle unsere Kriege.
Begleite uns auch, o Gott,
Über die Wege, die uns in die Irre führen.
Wir übergeben uns ganz Dir,
Wir vertrauen Deiner ewigen Kraft,
Die uns umschließt
Wie die wärmende Kraft der Sonne.
Wir heiligen und preisen Deinen Namen
Jetzt und in alle Ewigkeit.
Amen.

Ewiger Geist, wir flehen Dich an,
Führe die Bewußtsein
Aller Völker und Menschen.
Zeige uns das Bild Deiner selbstlosen Liebe.
Löse auf in unseren Herzen
Macht, Haß und Krieg.
Ewiger Geist, wir flehen Dich an,
Verbinde uns Menschen
In Liebe und Verständnis
Und mach uns zu Werkzeugen Deines Willens.
Amen.

Kosmischer Vater,
Du Geheimnis allen Lebens,
Du Strom der Barmherzigkeit,
Verstärke mit der Kraft Deiner Liebe
Mein unendliches Sehnen nach Dir.
Amen.

Kosmischer Vater,
Alle Bewußtsein suchen Deine Gedanken.
Alle Bewußtsein suchen Dein Gesetz
Und die Kraft aus Deinem Geist,
Denn sie wissen, daß sie von Dir sind.
Amen.

Kosmischer Vater, Du allein
Bist das Gebot der Liebe
In meinem Sein.
Amen.

Kosmischer Geist,
Ewig brennende Glut,
Du Feuer meines Stromes,
Entzünde mein Sein,
Damit ich in Dir verbrenne.
Amen.

Himmlischer Vater,
Göttliche Energie der Hoffnung,
Des Friedens und der Liebe
Durchströmt mein Sein.
Neugeschaffen durch Deine Kraft
Bin ich geborgen in Dir
Und eins mit Deinem Willen.
Amen.

Kosmischer Vater, meine Seele ruht in Dir,
Mein Friede bist du, mein Wille ist Dein Wille,
So wie meine Kraft Deine Kraft ist.
Vater, Du bist in meinem Sein
Die Auferstehung und das Leben.
Amen.

Geist,
Ewiger Strom der Liebe,
Unendlicher Fluß der Güte,
Schöpfer allen Seins,
Nimm meine Bewußtsein auf
In Deine Vollendung.
Amen.

Schöpfergeist,
Im Namen des Erlösers Jesus Christus
Bitten meine Bewußtsein um ewigen Frieden.
Amen.

Kosmischer Vater,
Ewige Schöpferkraft alles Seienden,
Segne unsere Bewußtsein,
Damit die Frucht Deiner Liebe
Uns von allen Ängsten und Schmerzen erlöse.
Führe alle Bewußtsein zu der Erkenntnis,
Daß sie in Dir allein geborgen sind.
Amen.

Wenn ich bete . . .

Herz Jesu, wenn ich bete,
Durchdringt Dein Glanz meine Finsternis,
Und als König
Gewährst Du mir Bettler Einlaß.
Du gibst mir Bedürftigem
Die Speise und den Trank Deiner Liebe.
Amen.

Herz Jesu, wenn ich bete,
Treibe ich an Dein Ufer.
Liebevoll nimmst Du mich auf
In Deines Herzens Mitte.
Getröstet mit Leben Deines Lebens
Übernehme ich wieder
Die Pflichten des Tages,
Und hoffnungsvoll geh' ich Deinen Pfad.
Amen.

Herz Jesu, wenn ich bete,
Fließen alle finst'ren Kräfte
In den Hafen Deines Lichts.
Erbarme Dich meiner,
Erbarme Dich unser,
Und gib uns deinen Segen.
Amen.

Gott, wenn ich bete,
Werde ich durch die
Verbindung mit Deiner Kraft
Befreit von niederem Sinne.
Du führst mich hinein
In sanfte Stunden
Der Hoffnung und Kraft.
Amen.

Ewiger Geist unendlicher Liebe,
In der stummen
Ruhe meiner Seele
Dehnst Du Dich aus.
Noch verhüllen Schleier meiner Gedanken
Den Himmel in mir.
Worte quälen mein Leben,
Stellen die leere Wahrheit dar.
Ewiger Geist unendlicher Liebe,
Wenn ich bete,
Sinken Deine Träume
In meine Seele.
So hebt Dein Geist
Meine Schwere
Und entzündet das
Feuer der Hoffnung.
Amen.

Gebete für die Natur

Gott, unendlicher Vater,
Schön strahlt die Sonne.
Ihr heller Glanz
Erfüllt mit Wonne
Die Seele der Natur.
Doch Gier und Macht,
Des Menschen falsche Sinne,
Haben sie krank gemacht.
Gott, Vater, erbarme Dich
Der Wunden der Natur,
Laß nicht zu, daß in Verlassenheit sie sterbe.
Gott, Vater, verzeih' uns unsre Schuld.
Durchströme Mutter Erde mit Deiner Kraft
Und mit dem Licht des Himmels.
Gott, Vater, erbarm' Dich unser,
Denn wir wissen nicht, was wir tun.
Nimm auf unsre Welt und heile sie
Im Schoße Deiner Gnade.
Amen.

Gott, ewiger Vater, behüte die Natur,
Durchströme sie mit Deiner Harmonie.
Umwebe sie mit Deinem Geist,
Erhalte sie mit Deiner Kraft.
Amen.

Gott, ewiger Vater,
In Sorge weint mein Herz
Um das Leiden der Natur.
Ihr großer Schmerz trübt meine Lebensfreude.
Gott, ewiger Vater, laß Deine Gnade walten,
Zeig uns Menschen Deine Macht.
Beschütze die Natur.
Amen.

Gott, ewiger Vater, nimm auf der Bäume Klagen.
Erbarme Dich der Wunden der Natur.
Laß ihren Tod nicht zu
Für menschliche Gewinne.
Erhebe Deine Hand in Gnade.
Wir bitten Dich,
Erlös' mit Deinem liebend Herz
Die Natur von ihrem Schmerz.
Gott, ewiger Vater, wir danken Dir.
Amen.

Ewiger Liebesgeist,
Der Garten Deiner Schöpfung,
Von Samen voll und reich an Frucht,
Und Meer und Bach und Baum und Stein
Und Tag und Nacht, Dein ewig Sein in allem.

Ewiger Liebesgeist,
Wir danken Dir mit Mund und Händen
Und bitten Dich, laß nicht verenden
Den Garten Deiner Schöpfung.
Erhalt' ihn uns mit Deinem Geist.
Wir loben Dich, o Schöpferkraft,
Die alles wunderbar erschafft.
Amen.

Erhebe dich, o Erdenreich,
Empor zum göttlichen Licht.
Nimm auf die Schwingungen der Gnade.
Laß dich, o Erdenreich,
Durchströmen von den Wesen des Lichts.
Nimm auf die Posaunenklänge
Der göttlichen Liebe.
Erhebe dich, o Erdenreich,
Schwinge empor ins Licht.
Laß dich durchfluten
Vom heiligen Strom des Schöpfergeistes.
Quäle dich nicht, o Erdenreich,
Mit den Gedanken deiner Menschen.
Öffne deine Bewußtsein,
Und die göttliche Kraft wird dich erneuern.
Amen.

Gebet eines Baumes

Mein Schöpfer, ich stehe da,
Verwurzelt im Element der Erde,
Durchströmt von den Kräften
Deines Heiligen Seins.
Du nährst meine Wurzeln
Und erhältst mein Leben.
Mein Schöpfer, die Stürme der Welt
Brausen über mich hinweg.
Gedankenenergien umweben mich
Wie das Netz einer Spinne
Und ersticken mein Wesen.
Mein Schöpfer, ich stehe da in aller Stille,
Dir zugetan, durchströmt von
Deinem heiligen Sein,
Bereit, mich Dir zu opfern.
Mein Schöpfer, nimm dieses Opfer gnädig an.
Laß es, so bitte ich Dich, nicht vergeblich sein.
Löse meine Schwingungen auf in Dir.
Ich, der ich Dein Baum bin,
Lege mein Wesen auf Deinen Altar.
Laß die Schwingungen meines Seins
Dem Planeten Erde zugute kommen.
Schöpfer, Du Liebesgeist, ich, Baum, danke Dir.
Amen.

Gott,
Die tote Blässe der Natur
Ist mit Zerfall verbündet.
Vermähle sie mit Deinem Geist,
Damit sie neu sich gründet.
Amen.

In schwerer Zeit

Herr Jesus Christus, Dir überlasse ich mich.
Führe Du mich
Durch die schweren Prüfungen dieses Tages,
Damit Dein Wille
Und der Wille des Vaters sich erfülle.
Amen.

Herr Jesus Christus,
Meine Angst werfe ich auf Dich.
Ich flehe Dich an, nimm meine Hand
Und führe mich durch diesen Tag.
Erlöse mich von der Last meiner Gedanken.
Hilf mir, ja zu sagen,
Und laß es nicht zu, daß ich falle.
Herr Jesus Christus,
Halte mich fest,
Erbarme Dich meiner.
Amen.

Du in mir ruhendes göttliches Sein
Ich rufe Dich an, hilf mir.
Versenke mein Leiden
Im unendlichen Ozean
Deiner liebenden Seele.
Verwandle mein Weinen

In Hoffnung und Kraft.
Sprich tröstend ein Wort,
Und Freude erlöst
Die gebrechliche Traurigkeit.
Du in mir ruhendes göttliches Sein
Ich rufe Dich an, hilf mir.
Amen.

Du in mir ruhendes göttliches Sein
In diesem von dunklen Wogen,
Von Nebel und Nacht
Umhüllten Augenblick des Lebens
Erleuchte die Gedanken
In meines Herzens Grund
Und tu mir Deine Liebe kund.
Amen.

Du in mir ruhendes göttliches Sein
Mit ersticktem Jammer
Steh' ich vor Dir,
Und Dunkelheit bricht herein.
Angst, schwer wie Blei,
Legt sich auf meine Glieder.
Verspür, o Gott, mein Leiden,
Nimm auf mich in Dein Herz,
Das sich nach Dir verzehret.
Amen.

Herr Jesus Christus,
In der Stunde meiner Not
Flehe ich Dich an:
Öffne meine Bewußtsein,
Damit sie die wahre Liebe erkennen,
Die ewige Liebe des Vaters.
Herr Jesus Christus, gib uns Mut und Kraft.
Löse auf unsere Trauer und führe uns hinein
In das Verständnis Deiner Auferstehung.
Amen.

Liebender Vater, ewiger Gott,
Ich bin gefangen im Schmerz der Zeit.
Erhöre mein Flehen,
Nimm hinweg meine Traurigkeit.
Liebender Vater, ewiger Gott,
Ich leide schwer.
Tritt Du einher,
Der Du mir Frieden gibst
Und mich ewig liebst.
Amen.

Gott, ich suche Dich.
In mir herrscht Dunkelheit,
Not und Verzweiflung.
Ich sehe keinen Weg vor mir,
Kein Ziel, keine Hoffnung.
Angst breitet sich aus
In meinem Körper,
In meinen Gedanken.
Wie die dunkelste Nacht
Umschlingt sie mich.
Erbarmungslos ist mein Schicksal.
Niemand außer Dir
Kann mich verstehen.
Gott, ich suche Dich.
Gib mir Deine Hoffnung,
Dein Vertrauen, Deinen Mut,
Damit ich das Unmögliche wage
Und mich fallen lasse
In Deine Hand.
Amen.

Gott,
Die Welt drückt mich nieder.
In enger Brust
Wunden ohne Zahl.
Verzweiflungsvoll
Ruf ich Dich an:
Verwebe meine Angst,
Herr,
Im Gewande Deiner Hoffnung.
Amen.

Gott, Vater,
Die Wunden,
Die das Leben schlug,
Lassen mich
Den Mut verlieren.
Gott, Vater,
Überwinde mich.
Entzünde
In all meinen Bewußtsein,
In meinem ganzen Sein
Dein Licht der Liebe
Und Verzeihung.
Amen.

Jesus,
Angst ist in meinem Körper.
Als dunkler Strom
Fließt sie durch alle Muskeln.
Sie schwächt meine Nerven
Und macht krank mein Gemüt.
Jesus,
Ich fühle mich hilflos und schwach,
Einsam und verlassen.
Ich flehe Dich an,
Führe mich durch die Angst hindurch,
Denn ich weiß,
Hinter ihr verbirgt sich Dein Licht.
Jesus,
Laß mich mit meiner Angst
Nicht allein.
Stehe mir bei
Und führe mich
Durch die Dunkelheit
Deinem Licht entgegen.
Amen.

Hoffnung,
Du göttlicher Strahl,
Du heiliger Tempel,
Du immerwährende Kraft,
Du unversiegbare Quelle,
Du ewiger Trost,
Du leuchtender Himmel,
Du Licht und Liebe,
Du Bild meines Herzens,
Du Reich Gottes,
Erfülle mein Wesen.
Laß durch Dich
Frucht aus mir werden.
Amen.

Gebete im Bewusstsein der Vieldimensionalität

Vater, meine Seelenbewußtsein
Und mein menschliches Ich,
Wir beten Dich an.
Dein göttliches Licht durchstrahlt
Die Schatten unserer Wirklichkeit.
Und Dein unteilbarer Geist,
In dem ewig wir ruh'n,
Öffnet der Liebe Pforten.
Vater, durchflamme die Blindheit
Unserer Bewußtsein.
Nimm sie auf, diese Waisen,
In den Schoß Deiner Liebe.
Vater, meine Seelenbewußtsein
Und mein menschliches Ich,
Wir beten Dich an.
Amen.

Schöpfergott, Vater-Mutter,
Reinige meine Bewußtsein.
Schaffe mich neu durch Deine Liebe,
Und lasse mein Wesen in Dir bleiben
Bis in alle Ewigkeit.
Amen.

Herz Jesu, bewege Deine Liebe in meinem Herzen
Fließe als Strom der Sanftmut
Durch das Rinnsal meiner Gedanken.
Webe den Schleier Deiner Barmherzigkeit
Um die Bewußtsein meiner Seele.
Durchstrahle uns, wir bitten Dich,
Mit dem Antlitz Deiner Güte.
Amen.

Herz Jesu, bewege Deine Hoffnung
In meinem Herzen.
Pflanze Deine Liebe in meine Bewußtsein.
Nimm auf meine Vielheit in Deine Einheit.
Amen.

Herz Jesu, stille den Durst unseres Sehnens.
Tröste uns in unserer Finsternis.
Führe meine Bewußtsein ans helle Ufer
Deiner Barmherzigkeit.
Amen.

Gott, Vater,
Dunkelheit umfängt meine Bewußtsein.
Vom Strom der Angst gequält mühen sie sich
In den Tiefen der Finsternis.
Gott, Vater, nimm uns auf
In die Strahlung Deiner unendlichen Liebe.
Amen.

Gott,
Du bist der Kern meines Wesens,
Du bist die Kraft in meinen Bewußtsein.
Nimm an unsere Gebete
Und stärke unseren Mut,
Damit wir lernen, in Dir zu weilen.
Amen.

Heiliger göttlicher Strom,
Glanz meines Seins,
Schwingende Kraft meines Lebens,
Erwecke in meinen Bewußtsein
Die Glut Deiner ewigen Liebe.
Amen.

Gott, Du schöpferischer Geist,
Wecke meine Bewußtsein der selbstlosen Liebe.
Laß sie zu heiligen Strömen werden,
Zu tröstenden Händen,
Damit die Kälte des irdischen Lebens
Im göttlichen Feuer schwinde.
Amen.

Jesus Christus,
Durchströme meine Bewußtsein
Mit der Kraft Deines Wortes.
Amen.

Kosmischer Vater,
Wir sehnen uns nach Deinem Licht.
Es sinkt das Dunkel unsrer Gedanken
Wie ein dünner Klagelaut
Auf den Grund der Seele.
Vater, zünde an das Licht des Geistes,
Ergreif' die Ungeborgenheit des Herzens.
Laß väterlich die Liebe walten
In unseren Träumen von der Wirklichkeit.
Amen.

Jesus Christus,
Ergebung strömt durch meine Vielheit,
Demut löst die dunkle Klage auf,
Hoffnung weckt die inn'ren Sinne,
Freude, die ins Weite führt,
Ewig uns verbindend
Mit Deinem heil'gen Geiste,
Jesus Christus.
Amen.

Jesus, Du stiller Ort in meinem Herzen,
Wir kehren ein in Deine Ruhe.
Laß uns lauschen Deiner Barmherzigkeit.
Amen.

Gott, lieber Vater,
Du Herrscher, Du Seele unsrer Welt,
Berühr' mit dem Strahl Deiner Güte
Unsere Bewußtsein.
Wecke sie auf
Mit der Liebesflamme Deines Seins.
Laß sie entfliehen dem Nichts unsrer Zeit.
Amen.

Jesus,
Die Stunden flieh'n,
Sind Bürden und sind Last.
Und wir, der Erde Gast,
Sind Tränenquellen.
Jesus,
Deinen Schoß der Liebe öffne uns.
Laß nur das Sehnen in uns brennen,
Laß Deine Hoffnung uns erkennen
Und Deinen Trost, Jesus.
Amen.

Gott, Vater,
Wir sind Gefangene
Unserer Freiheit.
Wir sind Gefangene
Unseres Willens.
Wir sind Gefangene
Unserer Gedanken.
Wir sind Gefangene
Unserer egoistischen Macht.
Gott, Vater,
Ohne Dich sind wir nichts.
Wir bitten Dich:
Durchströme uns
Mit Deiner Freiheit,
Mit Deinem Willen,
Mit Deiner Liebemacht,
Und erlöse uns
Von unserer Vielheit.
Amen.

Erbarmen

Gebet eines Menschen

Du mein Herr, mein Gott,
Fühlst Du die Schwere meines Herzens,
Wenn ich hineinblicke
In die Welt der Kriege,
Der Krankheit, des Hasses
Und der Not?
Ich bitte Dich, erbarme Dich.
Du mein Herr, mein Gott,
Hörst Du das Flehen,
Das ungesprochene Wort
Meines Gemüts,
Wenn meine stummen Lippen
Dich, Herr, bitten:
Erbarme Dich der Unbarmherzigen,
Der Mutlosen, der Kranken,
Der Gewalttäter, der Lieblosen,
Der Einsamen.
Erbarme Dich unser.
Du mein Herr, mein Gott,
Fühlst Du mein Sehnen nach Dir?
Es brennt wie Feuer,
Verzehrt mich ganz,
Macht mich stumm

Und froh und stark.
Du mein Herr, mein Gott,
Verwandle meine Armut in Liebe.
Ich flehe zu Dir,
Erbarme Dich meiner,
Erbarme Dich unser.
Amen.

Gebet eines Engels

Schöpferkraft, fließendes Licht,
Unversiegbare Quelle des Trostes.
Ewiger Geist, allmächtiger Geist,
Im Reichtum
Deiner Herrlichkeit
Bin ich geborgen, geborgen in Dir.
Schöpferkraft, fließendes Licht,
Unversiegbare Quelle der Hoffnung.
Ewiger Geist, allmächtiger Geist,
Deine Liebe
Durchströmt mein Wesen
Im Reichtum Deiner Herrlichkeit.
Das Sehnen nach Dir
Ist Licht in mir,
Ist Heilung und Freude,
Ist Hoffnung und Gnade,

Ist Glaube, ist Leben.
Die Schwingung Erbarmen
Erleuchtet mein Wesen.
Mein Sein in Dir
Ist ewiges Licht.
Ewige Hoffnung
Durchströmt mein Wesen,
Und es wächst hinein
In Deine Ewigkeit.
Schöpferkraft, fließendes Licht,
Ewiger allmächtiger Geist.
Dein Erbarmen
Hat meine Seele berührt.
Sie ist gerettet und rein
Durch Dein unendliches Sein.
Amen.

Gott, viele Bewußtsein leben am Ufer
Des kosmischen Stromes
Deiner göttlichen Liebe.
Laß meine Energie, die Dir, o Gott, zuströmt,
Gleichzeitig Brücke sein und Licht
Für all jene, die Dich suchen.
Amen.

Vater, als Licht durchströmst Du mein Sein.
Laß mich von Deinem Lichte zehren,
Damit die Bewußtsein der Welt
Frieden finden und Kraft, dir zu danken
Und Dich ewiglich zu preisen.
Amen.

Vater, nimm alle Wesen auf
In Deine Barmherzigkeit.
Licht Gottes, fließe als Strom der Gnade
Durch die Bewußtsein Deiner Kinder.
Amen.

Vater,
Erbarme Dich der Wesen,
Erbarme Dich der Natur,
Erbarme Dich der Tiere,
Erbarme Dich des Menschen
Und seiner Heimatlosigkeit.
Amen.

Atem

Atem,
Du göttlicher Strom,
Du bist Leben und Kraft,
Du bist Gebet in mir und Segen.
Du erfüllst mich
Mit ewiger Liebe.

Atem,
Göttlicher Gast
Im irdischen Leben,
Strom meiner Zeit,
In dir fließe ich
Neuen Ufern entgegen.

Atem,
Du bist der Abend und der Morgen,
Du bist der Schlag der Uhr,
Du bist der Kalender meiner Jahre,
Du bist Gott in mir
Und der heilige Geist.

Atem,
Durch dich bin ich ewiglich
Verbunden mit der Schöpfung.
Atem, du stiller Strom,
Lehre mich zu schweigen,
Zu horchen auf Gott.
Amen.

Körper

Körper,
Durch die göttliche
In dir wirkende Kraft
Sind deine Organe gesund,
Deine Formen ebenmäßig und schön,
Deine Augen strahlend und klar.
Körper,
Du bist in Harmonie
Mit den Bewußtsein der Seele.
Du bist frei von Angst,
Beschützt von Engeln,
Durchströmt von Licht
Und Gesundheit.
Du strahlst Liebe aus und Vertrauen.
Körper, durch die göttliche
In unserem Wesen wirkende Kraft
Bist du und bin ich,
Sind wir gemeinsam
Eine harmonische Einheit,
Stahlend,
Gesund,
Geborgen
In der ewig strömenden
Göttlichen Kraft.
Amen.

Körper,
Alle Bewußtsein der Seele
Lächeln dir zu.
Nimm auf den Strahl des Lichtes
Und werde eins mit ihm.
Amen.

Körper,
Nimm auf das Lächeln
Der Seele.
Nimm an
Die heilende Hand
Deines Gottes.
Amen.

Körper,
Mit dem Strom des Atems
Fließt aus der Quelle der Seele
Göttliche Energie dir zu.
Tauch' ein Deine Organe
Ins Meer
Der ewigen Harmonie.
Körper,
Mit dem Strom der Gedanken
Fließen Deinen Organen
Liebe zu und Gesundheit.
Diese Energie

Von göttlichem Licht
Durchstrahlt sie,
Löst Spannung und Angst.
Körper,
Nimm auf die Kraft
Der Seele,
Ihre Ruhe
Und ihren Frieden.
Du bist heil
Durch die
In Dir wirkende
Kraft Gottes.
Amen.

Körper,
Lasse die Schmerzen los.
Nimm auf den
Göttlichen Frieden.
Werde gewahr
Des ewigen Gottes
In Dir.
Seine Gegenwart
Ist Licht
Und Gesundheit.
Aus dieser Kraft
Bist du, Körper,
Licht und Gesundheit.
Amen.

Freund Körper,
Erbarmende Liebe
Strömt aus meines
Wesens Kraft
Deinen Organen zu.
Laß fließen
Die Tränen
Deines Gemüts,
Damit sich fülle
Der Kelch der Gnade
Und wir gemeinsam
Gott loben und preisen.
Amen.

Körper,
Ich bin die
In dir wohnende Seele.
Ich liebe und akzeptiere dich.
Alle Deine Bewußtsein
Lassen die Vergangenheit los.
Unser Denken ruht in Gott.
Du bist erfüllt von Harmonie und Frieden.
Gemeinsam sind wir stark.
Wir sind ein Instrument der Liebe.
Wir vertrauen dem Leben,
Der göttlichen Führung
Und dem Schutz der Engel.
Amen.

Liebender kosmischer Vater,
Aus der Kraft Deines Geistes sind wir,
Ich, Seele, und ich, Körper, geboren.
Wir danken Dir für dieses Leben.
Wir sind eingebunden in Dein Universum.
Du bist der lebendige Ausdruck unseres Lebens.
Liebevoll lauschen wir Deiner Stimme in uns
Und bitten Dich,
Wandle und lenke Du unser Leben.
Wirke in unseren Bewußtsein und Gedanken,
Damit wir – ich, Seele, und ich, Körper –
Im Strom des Friedens, im Strom der Liebe
Durch die göttlichen Bestimmungen
Dieses Lebens fließen.
Amen.

Morgengebet

Herr,
Du hebst hinweg die Schleier der Nacht.
Der Morgen berührt mein Wesen.
Ich atme das Licht Deiner Güte ein
Und danke Dir für diesen Tag.

Herr,
Jeder Tag ist ein Geschenk, ein neuer Anfang.
Führe mich auch heute durch alle Stunden.
Breite Deinen Willen in meinem Innern aus.
Ich danke Dir, daß Du mich führst.

Herr,
Auch für diesen Tag erbitte ich
Kraft aus Deiner Kraft,
Und ich vertraue Dir, denn Du allein
Kennst meinen Weg.
Dein Trost ist mein Trost,
Deine Wahrheit meine Wahrheit.
Laß mich an diesem Tag Dir, Gott,
Ganz nahe sein
Im Namen Deines Sohnes Jesus Christus.
Und aus der Kraft Deines Heiligen Geistes
Segne mich und diesen Tag.
Amen.

Die Kraft Gottes ist lebendig.
Ich bin als Körper und als Wesen
Lebendig durch die Kraft meines göttlichen
Selbst,
Die der Strom meines Lebens ist.
Seine Quelle liegt in der Liebe des Schöpfers.
Wohin ich mich auch an diesem Tage begebe,
Was auch immer ich unternehme,
Denke oder rede,
Ich will alle Menschen und Dinge
Mit dem Siegel des göttlichen Stroms segnen
und
In ihnen die unendliche Liebe hinterlassen.
Alles, womit ich in Berührung komme
An diesem Tag,
Wird Teil dieses Stromes werden.

Wir bitten unser Hohes Selbst,
Während des ganzen Tages alle Energien,
Die von den Händen ausströmen,
Als Gebetsschwingungen in die dunklen
Dimensionen fließen zu lassen.
Und wir bitten unser Hohes Selbst,
Während des ganzen Tages alle
Kosmischen Gebetsenergien über die
Handzentren in uns einfließen zu lassen –
Als heilbringende Energien für den Körper,
Das Gemüt und alle Bewußtsein.

Abendgebete

Ewiger Vater,
Der Abend senkt sich nieder.
In der Tiefe meines Herzens
Suche ich Dich,
Um Dir zu danken für diesen Tag.
Unter Deinem Schutz
Habe ich die Stunden vollendet.
Ich danke Dir für die Aufgaben,
Die ich erfüllte.
Ich danke Dir für Deine Güte
Und Deine Kraft,
Die mich hoffnungsvoll getragen hat.
Verzeih mir, so bitte ich, ewiger Vater,
Alle Schuld an Dir und den Menschen,
Meine Ungerechtigkeit, meine Mutlosigkeit
Und meinen Unglauben.
In dieser Nacht vertraue ich mich Dir an,
Und bitte um den Schutz Deiner Engel,
Damit ich gesegnet und wohlbehütet
Einem neuen Tag entgegenwachse,
Um Dir zu dienen, Dich zu ehren.
In der Tiefe meines Herzens suche ich Dich.
Bleibe bei mir, o Herr,
Jetzt und in alle Ewigkeit.
Amen.

Liebender Vater,
Im Schweigen der Nacht,
Das sich über die Erde legt,
Fließen die Strahlen der Engel.
Wie glänzende Regenbogen
Verbinden Sie unsre Bewußtsein
Mit Deinen Himmeln.
Liebender Vater,
Im Schweigen der Nacht
Strahlt Deine Liebe
Den Sonnen gleich
Als Feuerglanz
In unsere Bewußtsein.
Und die Hoffnung,
Die das Herz umfängt,
Leuchtet unseren Tränen.
Liebender Vater,
Entrückt ist uns der Welten Gram
Im Strome Deiner Güte.
Nimm uns auf in dieser Nacht,
Verzeih' uns unsre Schuld.
Vertrauend, daß Du uns bewachst,
Laß ich die Nacht uns decken.
Liebender Vater.
Amen.

Schöpfergeist im Antlitz der Sterne
Zeigst Du uns die Reinheit Deiner Engel.
Ihre Leuchtkraft ist der Ausdruck Deiner Liebe.
Wir danken Dir für diese geweihte Nacht.
Amen.

Liebender Vater,
Unser Gebet des Dankes
Fließt zu den Sternen empor.
Sie scheinen wie goldene Blumen
Und leuchten Dir entgegen.
Amen.

Heiliger Gott,
Ewiges Sein,
Zu sanftem Traume hingestreckt
Empfehl' ich meinen Körper
Deinem Schutz.
Durchströme die Nacht
Mit Deiner Geduld,
Daß ich mich an ihr labe.
Amen.

Gott,
Wenn im Schweigen der Nacht
Die Schleier der Angst sich heben,
Und der Schein der Sterne
Die Schönheit der Erde belebt,
Überlasse ich meines Herzens Pochen
Und die stürmischen Wogen meiner Gedanken
Dem heiligen Fluß Deines Geistes.
Amen.

Vater,
Erfülle mit Deinem Geist
Unseren Abend.
Nimm auf die Werke dieses Tages
In Dein gnädiges Erbarmen.
Erlöse uns von der Schwere
Der Lasten.
Nimm in dieser Nacht
Unsere bedrängten Herzen
Auf in Deinen Segen.
Amen.

Kosmischer Vater, ewiger Liebesgeist,
Ich und meine Bewußtsein,
Wir danken Dir für diesen Tag
Und nehmen auf
Die Gebetsschwingungen Deiner Engel.
Amen.

Gott, kosmischer Vater,
Liebevoll bette ich ein
Meinen Körper in diese Nacht.
Seine Bewußtsein und ich, Seele,
Danken Dir für die Gaben des Tages.
Beschütze uns, wenn wir
Im feinstofflichen Gewand
Durch Deine Himmel schweben.
Und führe uns hinein
In den Strom der Liebe,
In die Kraft des Geistes.
Führe uns hinein
In den Willen
Deines nächsten Morgens.
Amen.

Vater, ewiger Geist!
Sehr bewußt und in Dankbarkeit
Lösen wir uns jetzt
Von allen Geschehnissen des Tages,
Lösen uns von den Bewußtsein des Tages,
Lösen uns von allen Schmerzen
Und Freuden des Tages.

Geistiger Liebesatem der Nacht,
Nimm meine Bewußtsein,
Die Deine Kinder sind, auf im Schoße
Deiner Verzeihung und Deiner Liebe.
Führe sie, Du unendlicher Schöpfergeist,
Mit dem Geleit und dem Schutz der Engel
Hinein in jene Ebenen, in denen sie lernen,
Dir zu danken, Dich zu preisen, Dir zu dienen.
Vater, segne sie in dieser Nacht
Mit Deinem göttlichen Licht,
Amen.

Tischgebete

Gott, Vater,
Segne unsere Speisen,
Die Deine Weisheit
Geschaffen hat.
Amen.

Gott, Vater,
Wir danken Dir
Für den Geist
Und die Kraft
In unserer Speise.
Segne unsere Mahlzeit.
Amen.

Gott, Vater,
Mit Freude und Dank
Nehmen wir
Die Früchte der Natur
Als Dein Geschenk an.
Segne unsere Mahlzeit.
Amen.

Gott, Vater,
Wir danken Dir,
Daß wir uns
Satt essen durften.
Erbarme Dich der Hungrigen
Und gib ihnen Kraft
Aus Deiner Kraft.
Amen.

Gott, Vater,
Aus der Kraft der Natur
Sind wir satt geworden.
Wir danken Dir
Für Deinen Segen
Und für das täglich' Brot.
Amen.

Stossgebete vor einer Fahrt

Ich bitte um Gottes Segen,
Um den Schutz und das Geleit
Der Engel.
Amen.

Gott, allmächtiger Vater,
Hülle mich und alle,
Die mir unterwegs begegnen,
Ein in Liebe.
Ihr schützenden Engel,
Geht meinem Weg voraus.
Amen.

Ihr Schutzengel mein,
Hüllet mich und meine Wege
In Liebe, Schutz
Und Verantwortung ein.
Amen.

Göttlicher Segen
Begleitet mich
Auf allen Wegen.
Amen.

Möge die schützende Hand Gottes
Meine Wege segnen
Und das Geleit der Engel
Mich vor Schaden bewahren.
Vater, ich vertraue und danke Dir.
Amen.

Körperliche Krankheit

Jesus Christus,
Ich überlasse meinen kranken Körper
Den Strömen Deiner Liebe.
Jesus Christus,
Mein Körper und alle meine Bewußtsein
Nehmen eine göttliche Heilung an.
Wir danken Dir.
Amen.

Vater,
Es legt sich Deine Liebe
Tröstend um mein Herz,
Und es erblühet still
Wie eine Märchenblume
Die Kraft, das Wesen
Der Geduld.
Amen.

Gott,
Du allein
Bist das Licht in mir,
Der Trost,
Die Hoffnung,
Das Leben.
Amen.

Lebendiges Feuer, fließendes Licht,
Geist der Liebe,
Durchstrahle das Gewand meines Wesens
Mit Deinem Leben.
Du Geist der Liebe, laß Deine Kräfte walten.
Erfülle mein Sein mit ewiger Reinheit,
Mit ewigem Licht.
Amen.

Schöpfergeist, durchdringe mein Wesen,
Meinen kranken Körper mit Deiner Liebe,
Damit ich und mein Körper heil werden.
Gott, bitte, erhöre mich.
Amen.

Gott, allumfassendes, ewiges Ganzes,
Geist meines Wesens, Kraft meiner Seele:
Nimm auf meinen kranken Körper
In die Schwingungen
Deiner Harmonie.
Bewahre mein Bild in Deinem Herzen
Und lehre mich loszulassen,
Meinen Körper, meine Welt.
Steh mir bei, wenn ich hineinfalle
In Dein Sein, in Deine Ewigkeit.
Amen.

Vater,
Es ist dunkel und leer in mir.
Ich bin stumpf und verzweifelt,
Gefangen in meinem Leid,
Gepeinigt von schweren Gedanken.
Ich weiß, daß Du mich führst,
Aber ich sehe keinen Weg.
Bist Du der Weg, Vater?
Ich möchte es glauben
Und bitte dich,
Hilf mir in meinem Unglauben,
Begleite mich durch das Tal der Angst.
Hilf mir, Vater, meine Last zu tragen.
Gib mir ein Zeichen Deiner Nähe.
Dank sei Dir, Vater.
Amen.

Mein Gott,
Aus der Tiefe meines Herzens bitte ich Dich:
Erfülle mich mit Deiner Kraft.
Hilf mir auszuharren in meiner Krankheit,
In meiner dunklen Erfahrung, in meiner Angst.
Durchströme mein Wesen,
Mein Gemüt und meinen Leib
Mit Deinem Licht,
Mit dem Geist Deiner Güte.
Ich bin bereit, mein Kreuz zu tragen.

Ich bin bereit auszuharren,
Deinen Willen anzunehmen.
In meiner ganzen Trostlosigkeit
Fühle ich, o Gott, Deine Nähe.
Erfülle mich mit Deiner Gnade.
So gut ich kann,
Opfere ich Dir meine Schmerzen auf.
Gib mir den Mut,
Den ich brauche, damit ich
Auf meinem Weg der Krankheit
Dir neu begegne.
Ich danke Dir, gütiger Gott,
Daß ich nicht allein bin,
Daß Du bei mir bist
Mit Deinem Trost und Segen.
Mein Gott, Du bist mir nahe.
Dein Wille geschehe.
Amen.

Herz Jesu,
Aus der Tiefe rufe ich zu Dir.
Durch das Kreuz
Hast Du meine Krankheit getragen,
Mich von ihr erlöst.
Herz Jesu, ich danke Dir
Für Deine Nähe,
Und Deine Hilfe für mich
Wird durch Dich und mich
Zu Hilfen für viele.
Herz Jesu, Du bist mein Friede.
Bewahre mich in Güte und Liebe,
Bewahre meine Hoffnung
Und meinen Glauben.
Herz Jesu, gib mir Kraft und Licht
Aus Deiner Kraft.
Mach mich stark für Deinen Willen.
Amen.

Psychische Krankheit

Christus, kosmische Kraft ewiger Liebe
Du bist der Weg und das Leben.
Die Verzweiflung meines Herzens sucht Dich.
Ich flehe Dich an: Lenke meine Gedanken,
Denn im Irrgarten der Seele
Wehklagen Bewußtsein.
Verstand und Gemüt versinken im Meer
Tiefster Verzweiflung.
Dumpf schlägt mein Herz
Grauen Tagen entgegen.
Herr Jesus Christus, ich suche mich.
In meiner Verlorenheit
Bist Du der Weg und das Tor.
Nimm auf meine Bewußtsein
In Dein liebendes Herz.
Durchschreite mit mir
Meine Angst, meine Not,
Und laß mich Dich finden.
Herr Jesus Christus,
In Dir bin ich in Sicherheit und Frieden.
Amen.

Gebete im Alter

Christus, Vater der Liebe,
Mein Körper ist alt und gebrechlich,
Doch Dein Geist,
Der Seele lichter Strahlenglanz,
Bewahret mich vor Bitternis und Härte.
Christus, Vater der Kraft,
Breite aus in meinen Bewußtsein Deinen Willen.
Nimm an meine Leiden
Und Schmerzen als Opfergabe.
Auferstandener Christus,
Meiner Seele Frieden bist nur Du.
Ich preise Dich in Ewigkeit.
Amen.

Gott, Vater-Mutter,
Dankbar laß ich die Vergangenheit los.
Frieden ist in meinem Denken.
Vater, Du liebst mich,
Und aus dieser Liebe heraus
Liebe ich mein Leben.
Gott, Vater-Mutter,
Laß mich gerade jetzt im hohen Alter
Eine Oase des Friedens sein.
Liebevoll lasse ich jeden Tag hinter mir,
Den Du mir noch schenkst.

Du bist das Zentrum meines Lebens.
Dank Deiner Kraft in mir
Löse ich mich von der äußeren Welt.
In Dir, Gott, Vater-Mutter, bin ich
In Sicherheit.
Ich vertraue Dir,
Und ewig werd' ich leben.
Amen.

Kosmischer Vater,
Dein Geist ruht in allen Dingen.
Bewahre mich vor meinem Willen.
Und wenn mein Werk getan,
Zünde am Himmel Sterne an.
Dann schwebt mein Sein auf ihren Bahnen
Heim zu Dir, Vater.
Amen.

Jesus Christus,
Du bist der Weg und das Leben.
Deine in mir wirkende Gegenwart
Erfüllt meinen alten Körper mit Frieden.
Deine Liebe stärkt mich,
Sie befreit meine Gedanken
Von der Angst des nahenden Todes.
Jesus Christus,
Ich fühle Deine Nähe.

Es ist gut, die Welt und alles in ihr loszulassen.
Reuevoll bitte ich
Um Vergebung meiner Schulden,
Und mit offenem Herzen vergebe auch ich.
Laß mich durch Deine Liebe,
Jesus Christus,
Der vollkommene Ausdruck
Deiner Weisheit und Güte sein.
In Dir bin ich geborgen,
Jetzt und in alle Ewigkeit.
Amen.

Gebete eines feinstofflichen Kindes

Vater, Dein Wille ist geschehen,
Als mein siebenjähriger Körper
Mir genommen ward.
Über die Brücke der Engel
Trugst Du mich hin zu Dir.
Obwohl ich in Dir als
Ewiges Feuer brenne,
Und Glückseligkeit mich durchströmt,
Hast Du ja gesagt und gebilligt,
Daß ich mit einem Bewußtsein heraus
Der Menschen gedenke.
So erbitte ich, Vater,
Für die Millionen von Tränen
Kelch zu sein.
Laß mich wieder und wieder
Sterben der Menschen Tod.
Ich opfere mich Dir, Vater,
Für die Ungerechtigkeit
Für die Leiden der Menschen.
Nimm mein Opfer gnädig an
Und entzünde in den Herzen der Menschen
Das Feuer Deiner Liebe,
So wie Du es in meinem Sein entzündet hast.
Vater, ich danke Dir, ich, Dein Kind.
Amen.

Jesus Christus, als ich meinen kleinen Körper
Tot auf der Straße liegen sah,
Durfte ich, für Sekunden nur,
In Dein liebend Antlitz schau'n,
Und eine Stimme flüsterte mir zu:
Wer sein Leben verliert, wird es gewinnen.
Ein Engel führte mich hinein ins Licht.
Ich war umringt von schönen Wesen.
Jesus Christus, dann sah ich wieder Dein Gesicht,
Und Feuer brannte in meinem Sein,
Bis ich zerschmolz in Dir.
Nun strahle ich aus Dir heraus
Und werde nach Deinem Willen.
Amen.

Vater, ich bin heimgekehrt.
Nimm gnädig an das Opfer meines Lebens.
Dir überlasse ich meinen Willen,
Meine Gedanken, meine Liebe.
Dir gebe ich mich hin,
Damit Du mich erfüllst.
Vater, ich danke Dir
Für das Leben einst und jetzt.
Wie nie zuvor erfüllt mich
Dein ewiger Segen.
Amen.

Ewiger Vater, ich bin Dein Kind.
Nimm mich auf in Deine Liebe,
Denn in Dir sein ist das Höchste, ist alles.
Mein Körper war jung und voller Freude.
Du hast mich gerufen, Vater,
Damit ich erkenne das Alter meines Seins.
Ich war nicht sieben,
Sondern Tausende von Jahren alt,
Und über lange Zeit wuchs ich,
Mit allen Sinnen und Gedanken,
Hinein in Deine Liebe.
Ewiger Vater, ewiger, liebender Geist,
Dein Feuer hat mein Wesen erfaßt,
Dein Heiliger Geist hat mich gesegnet.
Ich muß nie mehr zurück
In das Tal der Kriege und Tränen.
Tröste alle Hinterbliebenen.
Nimm hinweg, ich bitte Dich,
Ihre Trauer und Not,
Damit ich weiterhin frei Dir entgegenströme.
Ewiger Vater, ich bin Dein Kind.
Dank für Deine ewige Liebe.
Ich will nur noch in Dir sein,
In Dir, Vater, in Dir allein.
Amen.

Ich fühle Deine Kraft, o Gott, in mir.
Die Bewußtsein meines astralen Gewandes
Und die Bewußtsein meiner Seele
Sprechen zu Dir.
Durch Dich bin ich Kraft und Licht,
Vertrauen und Liebe,
Und aus meinem Gesicht leuchtest Du.
Du bist das Feuer meiner Gedanken,
Du bist das Licht meines Seins.
Ich bin Dein Kind, Gott,
Du bist mir alles,
Du bist mein Tröster,
Meine Mutter, mein Vater,
Du bist mein Weg, mein Sehnen,
Mein Vertrauen, mein Glück.
Durch Dich bin ich Kraft und Licht,
Und aus meinem Gesicht leuchtest nur Du.
Du, Gott, Vater.
Amen.

Gebete beim Tod eines Angehörigen

Herr Jesus Christus,
Du bist die Auferstehung und das ewige Leben.
Dich suche ich in meinem Schmerz.
Dein Wille ist geschehen,
Als der mir Anvertraute
Heimging zum Vater.
Herr Jesus Christus,
Gib mir Kraft, damit ich Trost finde
Und den Willen des Vaters bejahe.
Amen.

Ewiger Geist,
Ein lieber Mensch ist von uns gegangen.
Wir bitten Dich im Namen unseres Erlösers,
Deines Sohnes Jesus Christus,
Das Wesen aufzunehmen
In Liebe und Verzeihung.
Ewiger Geist, im Namen unseres Erlösers,
Deines Sohnes Jesus Christus,
Bitten wir, erhöre uns,
Nimm auf das Wesen
In Dein ewiges Licht,
In Deine Auferstehung.
Ewiger Geist, wir danken Dir
Und preisen Dich in Ewigkeit.
Amen.

Herr, ich bin am Ende meiner Kraft.
Was lieb mir war,
Hast Du in Deinen Schutz genommen.
Herr, mir ist, als müßt' ich sterben
Vor Trauer, Angst und Not.
Laß mich in dieser schweren Stunde
In Deinem Herzen Trost und Ruhe finden.
Amen.

Herr, im Schoße der Erde
Ruht mein geliebtes Kind.
Herr, nimm auf sein Wesen,
Sei eins mit ihm.
Herr, meine Tränen fließen
Dir als Opfergabe zu.
Herr, hülle mich ein in das
Gewand des Trostes.
Erlöse meine Bewußtsein
Von Schmerz und Leid
Und führe sie hinein
In die heilende Kraft
Deines Geistes.
Amen.

Gebete für arme Seelen

Jesus Christus, Gott der Liebe,
Gott der Barmherzigkeit,
Erbarme Dich der Wesen, die in der Finsternis
Wehklagend Dein Licht,
Das ewige Leben suchen.
Amen.

Jesus Christus, erbarme Dich der Wesen,
Die fernab vom Licht
In dunklen Sphären leiden.
Jesus Christus, Erlöser aller Schmerzen,
Du Licht in der Finsternis,
Du Trost der Nacht,
Du Weg aller Wege, Du Freude im Leid,
Erbarme Dich aller Wesen
Und führe sie heim zum Vater.
Amen.

Jesus Christus,
Laß den Strom Deiner Gnade fließen
Durch die Sphären der Dunkelheit.
Laß Deine Liebe hell erscheinen
Und löse auf die Finsternis der armen Seelen.
Wir bitten Dich, erbarm Dich aller Wesen.
Amen.

Kosmischer Christus,
Du bist der Strom
Der Barmherzigkeit.
Nimm auf das Leid
Und den Jammer
Der wehklagenden Seelen.
Erbarme Dich Deiner Kinder,
Sie sind mühselig und beladen.
Sei Du ihr Trost,
Ihr Leben.
Amen.

Ewiger Vater, Du bist der Strom der Gnade,
Der durch die Dimensionen und Sphären fließt
Und die Abwesenheit des Lichtes
In ihnen aufhebt.
Und wenn die Gebete aller Welten und Sphären
Sich mit Deinem Gnadenstrom verbinden
Und die leidenden Bewußtsein
Sich für einen kurzen
Augenblick an ihm laben,
Empfinden sie das Sehnen und das Licht.
Ewiger Vater, ich stelle mich ganz in Deinen Dienst.
Laß mich ein Kanal sein,
Über den Du den leidenden Bewußtsein
Liebe und Gnade, Heil und Erbarmen schenkst.
Amen.

Herr,
In Demut beug' ich mich vor Dir
Und bitte Dich,
Erbarm' Dich
Aller Wesen,
Die körperlos und in der Dunkelheit
Sich vor Dir fürchten.
Herr,
Ich vertraue Dir
Und bitte Dich,
Verwandle Du durch Deine Gnade
Der armen Seelen Angst in Hoffnung,
Ihr Mißtrauen in Vertrauen,
Ihre Dunkelheit in Licht.
Befreie sie von der
Anziehungskraft der Erde.
Zeige ihnen Dein Reich.
Nimm sie auf in Deinen Segen,
In Dein ewiges Leben.
Amen.

Jesus Christus,
Durchströme mein Gebet
Mit Deiner Gnade.
Laß mich
In diesen Gebetsschwingungen
Zum Lichtstrahl werden.
Wirke mit Deiner Barmherzigkeit
In meinem Wesen,
Damit die schutzlosen,
Verängstigten Seelen
Frieden finden
In Deiner Verzeihung.
Jesus Christus,
Mein Wesen dankt Dir,
Daß es Dein Helfer sein darf.
Jesus Christus,
Segne uns.
Amen.

Herr,
Als dunkle Schleier
Legen sich die Schwingungen
Verirrter Seelen
Um den Erdball.
Sie sind verzagt und ohne Hoffnung,
Kraftlos.
Im Schrei der Dunkelheit

Vergehen ihre Tage.
Ich bitte Dich,
Führe die verlor'nen Schafe heim,
Ich bitte Dich für sie, o Herr,
Um Gnade, um Dein Verzeihen
Und Dein Licht.
Erlöse sie von Mühsal und von Schuld.
Herr, bitte sag: Es werde Licht.
Erbarme Dich der armen Seelen.
Amen.

Schöpfergeist, wir haben mit unserem guten Willen auf unserem Planeten besondere Plätze geschaffen, um die Toten zu ehren. Wir haben nicht erkannt, daß wir dadurch häufig der Versuchung ausgeliefert sind, die Heimgegangenen an den Planeten zu ketten. Schöpfergeist, wir sind in unserer Entwicklung auch noch nicht soweit vorangeschritten, daß wir mit den Kräften des Geistes die materiellen Hüllen der Verstorbenen aufzulösen vermögen. Und nun schwebt über all diesen Stätten der Hauch der Verzweiflung. Die Schreie der Not und die Hilferufe können wir entwicklungsbedingt noch nicht wahrnehmen. Aber wir wollen uns in die Schwingungen des Gebetes hineinbegeben, unsere Herzen Deiner Liebe und Deiner Gnade öffnen. Schöpfergeist,

über den Friedhöfen fließen gewaltige Ströme der Angst und der Verzweiflung. Durchströme unser Wesen mit Kraft und Liebe, damit die heilbringenden Energien unserer Gebete als Segen über diese Orte fließen. Schöpfergeist, durch Deine Menschwerdung in Jesus Christus und durch Seinen Opfertod erlöse, wir flehen zu Dir, die seelisch und geistig umnachteten Wesen. Gieße Deine Liebe über sie aus.
Amen.

Christus,
Du bist die Auferstehung und das Leben.
Aus diesem Wissen wächst meine Hoffnung,
Daß die an die Gräber gebundenen Seelen
Die Welt überwinden.
Führe sie, ich bitte Dich, auferstandener Erlöser,
In Dein Reich.
Bewahre sie vor der Macht des Bösen.
Laß den Lichtglanz der Heerscharen
Deiner Dir dienenden Engel
Das Tor sein,
Hinter dem sie Deine Güte schauen,
Dich loben und preisen
Bis in alle Ewigkeit.
Amen.

Erlösung allen Wesen auf allen Friedhöfen,
Erlösung und Liebe all diesen Wesen,
Erlösung, Liebe und Gnade all diesen Wesen,
Erlösung, Liebe, Gnade und Kraft
All diesen Wesen,
Heil und Segen des ewigen Geistes all diesen Wesen.
Amen.

Vater, befreie alle Wesen auf den Friedhöfen
Von der Macht der Angst
Und ihrem erdgebundenen Ich.
Führe Deine Kinder heim ins Licht.
Vater, ich danke Dir.
Amen.

Vater, laß Deine Güte und Barmherzigkeit
Als Gnadenstrom über die Gräber fließen,
Und zeige den verirrten Seelen
Das Bild Deines Friedens.
Amen.

Vater, gib Erlösung und Frieden
Durch mein Gebet
Den armen Seelen.
Amen.

Vater, der Du von den Himmeln bist,
Breitest über die Gräber lindernd Deinen Segen.
Glühende Wolke ewiger Liebe,
Trag' sie fort, die Seelen,
Über die Hügel des Himmels ins Paradies
Deiner Verzeihung.
Amen.

Gebete für Sterbende

Gott, Du Geist der Verzeihung.
Wir bitten Dich, laß die Gnade
Deines Sohnes Jesus Christus walten.
Erlöse den sterbenden Körper und führe heim
Das Wesen in die Sphären der Gebete,
Damit es Dir danke und auf ewig
Dich lobpreise.
Amen.

Herr, Jesus Christus,
Du bist die Liebe und die Verzeihung
In diesem sterbenden Körper.
Erlöse ihn von seiner Not.
Öffne dem Wesen die geistigen Augen
Und laß es erkennen die Auferstehung
Und das ewige Leben.
Amen.

Jesus Christus,
Aus der Tiefe meines Herzens,
Mit der Kraft meiner Bewußtsein
Und mit allen meinen Gedanken
Bitte ich Dich,
Erlöser unseres Menschseins,
Erbarme Dich aller gequälten Körper,

Die in Todesangst Dein Licht nicht seh'n.
Jesus Christus,
Sende aus den Strahl Deiner Hoffnung.
Erlöse ihre Hüllen. Segne ihre Wesen.
Gib ihnen Deinen Frieden und nimm sie auf
In Dein ewiges Leben.
Amen.

Herr, Jesus Christus,
Sende allen sterbenden Körpern
Deine Ruhe und Deinen Segen.
Möge die Kraft Deiner Liebe
Ihre Wesen über die Schwelle der Erde tragen.
Herr, Jesus Christus,
Nimm sie auf in Deinen Frieden.
Erleuchte ihre Bewußtsein.
Laß sie erkennen, daß Dein ewiges Licht
In ihrem Wesen brennt und sie durch Dich
Heimkehren zum Vater.
Amen.

Jesus Christus,
Meine Bewußtsein öffnen sich Dir.
Wir flehen Dich an,
Erfülle uns mit Deinem Trost,
Hülle ein alle sterbenden Körper
Mit Deiner Barmherzigkeit und Gnade.
Jesus Christus, Erlöser unserer Schuld,
Führe die Wesen über den Strom
Deiner verheißenen Liebe heim zum Vater.
Jesus Christus, erbarme Dich unser,
Erbarme Dich der heimkehrenden Wesen.
Amen.

Jesus Christus,
Du bist die Auferstehung und das Leben.
Du hast den Tod besiegt
Und uns von aller Schuld erlöst.
Wir bitten Dich, erbarme Dich
Der in Todesangst sich quälenden Körper.
Nimm auf ihre Wesen und führe sie hinein
In die Auferstehung und in das ewige Leben.
Amen.

Gebete eines Sterbenden

Schöpfergeist,
Krank liegt sie da, die Hülle meines Wesens.
Bald schlägt mein Herz ein letztes Mal,
Bevor es ruht im Mutterschoß der Erde.
Schöpfergeist,
Die Tränen der gebrochnen Augen
Sehen nur Dein Kreuz,
Und meine Ohren hören nur Dein Wort:
Es ist vollbracht.
Es ist vollbracht, mein Leben,
Nun kehr' ich heim zu Dir,
Empfange Dein Verzeihen,
Empfange neues Leben, Licht.
Schöpfergeist, ein letztes Mal
Blick' ich in diese Welt hinein,
Für einige Sekunden nur, und danke allen,
Die mich lehrten, Feind und Freund.
Schöpfergeist, Dir reiche ich die Hände
Und bitte Dich, führe mich
Über die Schwelle dieser Welt
Hinein ins Licht, in Deinen Frieden.
Es ist vollbracht, Mein Leben.
Amen.

Jesus, von Deiner Liebe trunken
Leg' ich mein Leben vor Dich hin.
Die Welt ist mir versunken.
Ich kehre heim ins Licht der Himmelssphären.
Mein Wesen hört Dein Wort, das spricht:
Selig die Seele, die Ewiges sucht.
Gnade der Seele, die im Strom meiner Liebe
Neuem Leben entgegenfließt.
Amen.

Gott, verbinde mich mit Deinem Wort.
Offenbare meinem Geist Deine Wirklichkeit.
Gott, führe mich an den Ort,
Wo Du in mir wohnst,
Wo Du als lebendiger Quell,
Als gewaltige Schöpfung
Dich in meinem Sein verwirklichst.
Gott, verbinde mich mit Deinem Wort,
Offenbare meinem Herzen Deine Liebe.
Erlöse mich vom Staube dieser Erde.
Vollende, was nach Vollendung ruft.
Amen.

Jesus, Deine Liebe stillt den Schmerz
In meinem Herzen.
Christus, Deine Kraft löst auf mein Bangen.
Jesus Christus, Du bist mein Weg.
Du führst mich heim in das ewige Sein.
Amen.

Gott,
Mein Leben ist vollbracht.
Nimm gnädig auf
Mein Wesen
in Deine Himmelsmacht.
Amen.

Gott,
Nimm auf
Die Bewußtsein
Meiner Seele
Und schenke ihnen Kraft
Aus Deiner Kraft.
Amen.

Jesus,
In letzter Not beuge ich mich Deinem Willen
Und bitte Dich, nimm hinweg meine Angst
Vor dem Tod.
Jesus, Du allein bist das Leben.
Amen.

Gott, des Körpers Frist läuft ab.
Erbarm' Dich meiner Seele.
Gott, du Schöpfer meines Seins,
Du mein Erlöser, versöhne meine Bewußtsein.
Nimm sie gnädig auf in Deinen Frieden.
Gott, mein irdisch' Leben ist vollbracht.
Ich kehre heim zu Dir in Liebe.
Amen.

Allmächtiger Gott,
Mein Körper entsagt dem Leben.
Die Kraft des nahenden Todes
Durchströmt mein Gebein.
Meine Seele ist Deiner Liebe geweiht.
Liebender Vater,
Verlängere nicht meine Pein.
Laß leuchten Dein Licht.
Nimm auf meine zitternde Seele
In Dein ewiges Leben.
Amen.

Engel des Todes,
Durch die Gnade des Schöpfergeistes
Führe mich hinein
Ins ewige Leben.
Amen.

Allmächtiger Gott,
Die Fülle des Lebens, mein Eigentum,
Mein Ruhm, der Glanz meiner Augen,
Der Druck meiner Hand
Zerbrechen in den Armen des Todes.
Liebender Vater,
Nimm auf mein unsterbliches Sein
In Deine Verzeihung. Amen.

Allmächtiger Gott,
Mein Körper und ich
Geh'n getrennte Wege.
Freund Körper,
Hab Dank für Deine Treu.
Ich jauchze dem Leben entgegen.
Liebender Vater,
Gib mir Deinen Segen.
Amen.

Jesus, mein Körper stirbt,
Damit ich durch Dich
Im Vater
Ewige Ruhe finde.
Dank sei Dir, o Gott.
Amen.

Ewiger Geist, meine Seele
Fliegt in das Licht Deiner Himmel,
Und die Engel spannen Regenbogen
Vom Ufer meiner Welt
Bis hin in Dein geistiges Zentrum.
Gott, die Finsternis meines Körpers löst sich auf
In der lieblichen Gestalt
Meines Erlösers Jesus Christus.
Amen.

Jesus Christus, im Angesicht des Todes
Leuchtet Dein Licht.
Meine Angst, mein Leben
Empfehle ich Deiner Gnade.
Jesus, voller Vertrauen
Laß ich meinen Körper los,
Damit ich Deinen Weg sehe
Und mein Wesen das Leben findet im Vater.
Jesus, erbarme Dich meiner,
Erbarme Dich unser.
Amen.

Gott, allmächtiger Vater,
In der Stunde des Todes
Ist schwach mein Glaube.
Gott, allmächtiger Vater, halte mich fest,
Glaube Du in mir und nimm mein Wesen auf
In Deinen Frieden, in Dein ewiges Leben.
Gott, Vater, ich vertraue und ich danke Dir.
Amen.

Vater, ich bin allein.
Das Haus, mein Körper, ist leer von Gedanken.
Ich bitte Dich, laß mir Dein Licht leuchten.
Laß mein Wesen Dein Geheimnis
Des ewigen Lebens begreifen.
Vater, in Deinen Geist empfehle ich
Alle meine Bewußtsein.
Amen.

Gott, Vater, Du allein kennst meine Zeit.
Ich flehe Dich an: halte mich und löse auf
Die quälende Angst des nahenden Todes.
Gott, Vater, senke die Kraft Deiner Liebe
Und Verzeihung in meine Bewußtsein.
Erlöse mich und führe mich
Hinein in Deinen Frieden.
Amen.

Jesus, mein Erlöser,
Die Kraft meines Willens
Und meines Körpers löse ich auf
In Deinem Willen, in Deiner Kraft.
Jesus, mein Erlöser, ich danke Dir
Für die unendliche Fülle Deiner Liebe,
Die meine Seele durchbebt.
Mein Gebet dringt ins All,
Das mein Wesen umschlingt.
Jesus, mein Erlöser.
Amen.

Gebete zur Vorbereitung auf das Sterben

Ewiger Geist der Liebe, durch die Auferstehung
Deines Sohnes Jesus Christus
Und durch die waltende Gnade
In unseren Seelen
Sind wir Deine Menschenkinder.
Erbarme Dich unserer Wesen in der Stunde
Unseres körperlichen Todes.
Amen.

Gott, wir bitten Dich,
Stehe uns bei in den Stunden der Angst,
In den Stunden der Verzweiflung
Und des Schmerzes.
Gott, wir bitten Dich,
Stehe uns bei in den Stunden der Lieblosigkeit,
In den Stunden der Schwäche,
In den Stunden des Todes.
Gott, wir bitten Dich,
Stehe uns bei im Augenblick unseres Lebens
Und in Ewigkeit.
Amen.

Jesus, das Leben bringt uns den Tod,
Der Tod gewährt uns das Leben.
Nicht der Körper ist dann unser Haus,
Sondern Dein Himmel.
Jesus, heiliges Band zwischen Mensch und Gott,
In Dir ruht unser Leben.
Amen.

Gott Vater

Vater,
Wir bitten Dich um Verzeihung
Für die Gewalt in unseren Handlungen,
Für die Lieblosigkeit und die Kälte
In unseren Herzen.
Gib uns Kraft aus Deiner Verheißung.
Erlöse uns von unserem egoistischen Handeln,
Befreie uns von unseren Sinnestäuschungen
Und führe unsere Seelen hinein
In den Strom Deiner Barmherzigkeit.
Vater,
Nimm unsere Gedanken auf,
Und segne sie,
Mit Deinem heiligen Geist.
Amen.

Vater,
Du bist kein Gott der Vernichtung,
Kein Gott der Toten,
Kein Gott der Verdammnis.
Du bist der Gott alles Lebendigen,
Du bist der Gott des ewigen Seins.
In Dir leben wir alle,
Auch jene,
Die durch menschliche Unwissenheit,

Durch Macht, Gier und Lieblosigkeit
Schuld auf sich geladen haben.
Vater,
Wir sind getröstet,
Weil auf unserer Schuld
Das Zeichen Deines Erbarmens,
Das Zeichen Deiner Vergebung steht.
Vater,
Gib uns und allem
Licht aus Deiner Güte,
Wärme aus Deiner Weisheit,
Vertrauen aus Deiner Kraft.
Wir bitten dich, Vater,
Laß uns erkennen,
Daß Dein Wille allein
Unser Leben ist.
Amen.

Gott, Vater,
Mein Verstand
Versinkt
Am Horizont der Zeit.
Nimm auf sein Sehnen
Und lehre ihn begreifen
Deine Herrlichkeit.
Amen.

Gott, Vater,
Kalt ist die Welt und voller Angst.
Öffne Du, o Herr, die Himmel.
Laß sprüh'n Dein Licht in heller Flut
Und trockne unsere Tränen.
Dein Blick, uns zugekehrt,
Und Deine Gnade machen uns Mut.
Gott, Vater,
Du bist das Leben, die Unsterblichkeit,
Die Liebe auch in unsren Herzen.
Greif ein, erbarme Dich der Welt,
Daß Frieden sie umfange.
Amen.

In Dir, Vater,
Bin ich wunderbar geborgen,
Frei von Angst und Not.
Es liegen meine Sorgen
Auf Dir,
Mein Herr und Gott.
Amen.

Göttlicher, kosmischer Strom,
Erfasse mein Wesen.
Amen.

Vater,
Im Sehnen nach Dir
Leiden wir Schmerzen.
Lege die Kraft des Trostes
In unsere Herzen.
Amen.

Ewig liebender Vater,
Schöpfer meines Wesens,
Schöpfer meines Seins,
Ich danke Dir für Deine Liebe.
Nimm auch Du meine Liebe,
Die ich aus meinem Sein strömen lasse,
In Dein großes Herz der Gnade auf.
Amen.

Schöpfergeist, kosmischer Vater,
Im Gebet brechen unsre Seelen auf.
Sonnenwärts fließen Gedanken.
Geistige Augen trinken Dein Licht.
Und Deines Geistes Hauch
Erlöst unsre Blindheit.
Amen.

Vater, durch Deine Kraft gib,
Daß ich mich lieben lerne,
Denn nur, wenn ich mich lieben kann,
Bin ich fähig, andere zu lieben,
Bin ich durchlässig für Deine Liebe.
Vater, immer wenn ich meinem Körper
Und meinem Sein gegenüber lieblos bin,
Schlage ich die Türen zu,
Durch die Du eintreten möchtest,
Um wirksam zu sein in meinem Leben,
Das Dir gehört.
Vater, durch Deine Kraft gib,
Daß ich mich lieben lerne.
Amen.

Schöpfergeist, kosmischer Vater,
Oft glüh'n des Himmels Augen
Hinein in unsere Welt,
Und Sternenmeer und Engelschutz
Bewachen unsere Nacht,
Bis Strahl an Strahl im Morgentau
Die Sonne wieder lacht.
Schöpfergeist, kosmischer Vater, wir danken Dir.
Amen.

Liebender Vater,
Dein schöpferischer Geist
Drückt sich aus
Im Blütenschimmer der Blumen,
Im Rauschen der Wälder,
In der Glut der Sonne,
Im Funkeln der Sterne,
Im Murmeln des Baches,
Im Flüstern des Windes,
In der Kraft meiner Seele,
In der Zeit meines Lebens.
Liebender Vater, schöpferischer Geist,
Wir danken Dir für Deinen Willen
Und für Deine Kraft.
Amen.

Vater,
Deine Barmherzigkeit
Schenkt meinem Leben Zeit.
Nimm auf meine Gedanken in Deine Liebe.
Segne meine Stunden.
Durchstrahle mich mit Deiner Wahrheit.
Vater,
Fließe als Strom der Güte durch mein Sein
Und bewahre mich in Deiner Gnade.
Amen.

Vater,
Wir beten
Und öffnen uns
Den Seligkeiten
Deiner Liebe
Und Gnade.
Amen.

Vater,
In mir ist Frieden und Stille
Durch Deine Kraft der Liebe.
Amen.

Vater,
Ich bin ein Gast auf dieser Erde.
Ich bin ein Gast in meinem Körper.
Ich bin ein Gast in meinen Gedanken.
Vater, wandle mein Wesen,
Damit meine Bewußtsein
Heimfinden zu Dir.
Amen.

Gott, Vater,
Du bist das ewige Licht.
Wir bitten Dich,
Nimm unsere Finsternis auf.
Amen.

Vater unser,
Heilige Schöpferkraft,
Quelle des Friedens, Strom der Liebe,
Du Ozean der unendlichen Verzeihung,
Verbinde die reinen Gedanken der Liebe
Mit Deiner Kraft
Und führe uns Menschen hinein
In Deinen Glauben.
Vater unser,
Vereine unsere menschlichen Gedanken
Mit Deinem Sein, mit Deinem Wort.
Hilf uns in unserer Verzweiflung.
Verbinde die Bewußtsein
Aller Menschen und Wesen
Mit Deinem ewigen Leben.
Vater unser,
Heilige Schöpferkraft,
Quelle des Friedens, Strom der Liebe,
Erleuchte alle Bewußtsein
Mit der Kraft Deines heiligen Geistes.
Laß sie Deine Wahrheit erkennen
Und gib ihnen Licht aus Deiner Güte.
Vater unser,
In Deinen Geist
Befehlen wir unseren Geist,
Jetzt und in alle Ewigkeit.
Amen.

Schöpfergeist,
Du Atem allen Lebens,
Du Licht in der Finsternis,
Du König aller Könige,
Du Strom aller Ströme,
Du Sonne aller Sonnen,
Schöpfergeist,
Du ewiges Leben,
Erbarme Dich unser.
Amen.

O Gott, aus dem heiligen Äther
Strömt Deine Kraft durch alles Leben.
O Gott, Dein heiliger Äther
Weiht unsere Welt und segnet
Die Kinder Deiner Erde.
O Gott, wir danken Dir.
Amen.

Gott, Du bist in mir.
Deshalb bin ich durch Dich
Liebe, Frieden, Harmonie.
Durch Dich bin ich im Einklang
Mit meinem Körper, mit allem Leben.
Gott, Du bist in mir,
Und durch Dich bin ich ewiglich.
Amen.

Gott, kosmischer Vater,
In meines Staubes Hülle schufst Du
Mit Deinem Wort mein Leben.
So schreit ich jetzt im Takt der Zeit voran
Und lern' mit aller Kraft begreifen
Deine heil'ge Macht.
Gott, kosmischer Vater,
Es sehnt mein Wesen sich nach Dir,
Verwaist vom Geist der Welt
Sucht es den Weg zurück.
Gott, kosmischer Vater,
O Quell des Seins, Du wahres Leben,
Stärk' mich in meines Daseins Plagen,
Hilf mir, mein Leben zu ertragen,
Bis ich einst vom Tod befreit, Dich wiederfind
Im Sein Deiner Unsterblichkeit.
Gott, kosmischer Vater.
Amen.

Vater,
Wir legen unser Hoffen
Und unsere Angst
In Deine Hände.
Wir bitten Dich
Um Deinen Segen.
Amen.

Gott, Vater,
Wir glauben.
Führe uns hinein
In Dein Wissen.
Amen.

Gott, Vater,
Die Zeit trennt uns von Dir.
Hilf uns, damit wir sie loslassen.
Stärke uns mit Deiner Liebe,
Denn nur sie
Vermag uns zu wandeln.
Amen.

Ich rede mit Dir, Vater, und bitte Dich
Um Deinen Segen,
Denn es ist dunkel in mir und kalt.
Es ist schwer, in der Hektik meiner Zeit
Frieden zu finden.
Und die Angst legt sich wie Blei
Auf die Bewußtsein meines Körpers.
Ich rede mit Dir, Vater,
Und bitte Dich um Dein Licht
In meiner Nacht.
Denn nur durch Dich wird es hell in mir
Und warm, in Dir finde ich Frieden.
Nur Du, Vater,

Verwandelst meine Angst in Hoffnung
Und befreist meinen Körper von seiner Not.
Vater, ich brauche Deine Hilfe,
Damit ich in der Hoffnung leben kann,
Die Du mir durch Jesus Christus offenbart hast.
Vater, verzeih mir meine Ungerechtigkeiten
Und meinen Stolz.
Ich rede mir Dir, Vater,
Und wenn die Schleier der Dunkelheit
Sich wieder über mich legen
Und ich Dich nicht fühle,
Entzünde in mir, ich bitte Dich,
Das heilige Licht Deines Geistes.
Vater, was weiß ich schon,
Außer daß Du mein Tröster bist.
Amen.

Liebender Vater,
Der graue Schleier der Verlassenheit
Hüllt mich ein.
Wie dunkle Wolken ziehen Gedanken
Durch meine Bewußtsein.
Ich bitte Dich, führe mich und schaffe Licht
In meiner Dunkelheit.
Amen.

Vater,
Wir bitten Dich,
Erbarm' Dich unser und aller Wesen.
Nimm auf Deine Kinder und segne uns
Mit Deinem Geist. Amen.

Liebender Vater,
Gib uns Kraft aus Deiner Kraft,
Gib uns Liebe aus Deiner Liebe,
Damit wir Deinen Willen erfüllen.
Amen.

Liebender Vater,
Die dunklen Schatten unserer Gedanken,
Die Illusionen unserer Werke
Machen uns Angst.
Du allein bist das Licht,
Das wärmende Feuer
Unseres Daseins.
Lehre uns, in Dir zu leben.
Liebender Vater, sei uns barmherzig.
Amen.

Gott, Vater, wir fühlen Dich nicht.
Du bist schweigsam wie das Sterben der Nacht.
Meine Gedanken lasten kraftlos im Raum
Und suchen Erlösung.
Wir beten: Gott, Vater, strecke aus
Deine liebende Hand.
Gib uns Dein Licht und Deinen Segen.
Erlöse uns, wir bitten Dich,
Von Dunkelheit und Verzweiflung.
Amen.

Herr,
Durch die Stunden meiner Zeit
Begleitet mich Dein Segen,
Bis ich in alle Ewigkeit,
Von Engeln heimgebracht,
Erlöst in Deinem Licht,
Mich Dir ganz ergebe.
Amen.

Im lautlosen Äther fließend
Tragen Engel, Gott lobpreisend,
Dir, Vater, unsre Gebete zu.
Aus den Tiefen der Erde bitten wir,
Erhöre uns, Vater, und erbarme Dich unser.
Amen.

Gott, liebender Vater,
Durch Deinen Sohn Jesus Christus
Hast Du uns vergeben,
Uns erlöst von unserer Schuld.
Gott, liebender Vater,
Durch Deinen Sohn Jesus Christus
Werden wir ewig leben.
Wir danken Dir.
Amen.

Ewiger Geist,
Wahrer Geist,
Überpersönliches Sein,
Verzeihende Liebe,
Überwinde mein Wesen,
Nimm mich auf in Deine Ewigkeit.
Amen.

Allewiger Vater,
Mein Wesen dankt Dir in Liebe.
Allewiger Vater,
Ziehe mein Wesen in Deinen Bann,
Auf daß es ewiglich verschmelze in Dir,
Allewiger Vater.
Amen.

Allmächtiger Vater,
Schöpferkraft, liebender Geist.
Mit den Bewußtsein
Meines Körpers, meines Wesens,
Sage ich Dir, daß ich Dich liebe,
Und bitte ich Dich
Im Namen Deines Sohnes Jesus Christus,
Alle diese Bewußtsein für Dein Licht zu öffnen,
Damit ich fähig werde,
Die Liebe Deiner Schöpfung aufzunehmen.
Amen.

Gott Sohn

Jesus Christus,
Geistgesandte
Heilige Kraft.
Du Strom
Der ewig belebenden Liebe.
Ich öffne meine Bewußtsein
Dem Willen unseres Vaters.
Amen.

Jesus Christus,
Deine
In meinem Körper
Wirkende Kraft
Segnet und heilt ihn.
Amen.

Jesus Christus,
Durchströme meine Bewußtsein
Mit Deinem Wort.
Amen.

Jesus,
Deine Liebe
Stillt den Schmerz
In meinem Herzen.
Christus,
Deine Kraft
Löst auf mein Bangen.
Jesus Christus,
Du bist mein Weg,
Du führst mich heim
Zum Vater.
Amen.

Jesus,
Öffne Deinen Himmelsraum in meiner Seele.
Befreie meine Bewußtsein
Vom Stolz meines Egos.
Hebe mich empor in den ersehnten Frieden
Deines Seins.
Amen.

Jesus, meine Seelenbewußtsein
Und mein menschliches Ich,
Wir sind allein Dir zugekehrt.
Gib uns Deinen Frieden.
Amen.

Sehnend schwingen meine Gedanken
Durch die Dunkelheit der Nacht.
Nimm auf meine Bewußtsein
In den Strom Deiner Liebe
Und lehre sie Deinen Willen.
Amen.

Jesus Christus, gottgesandte heilige Kraft,
Du Strom der ewig belebenden Liebe,
Ich öffne meine Bewußtsein
Dem Willen unseres Vaters.
Amen.

Die Liebe Jesu erfüllt mich,
Die Kraft Christi lenkt mich,
Jesus Christus tröstet mich
Und vereint mich
Mit allem Leben.
Amen.

Jesus, Du bist das Tor,
Durch das wir ins ewige Leben gelangen.
Führe uns, wir bitten Dich.
Amen.

Jesus, auferstandener Christus
Du bist die Liebe in meinen Bewußtsein.
Jesus, auferstandener Christus
Du bist das Licht meines Lebens.
Jesus, auferstandener Christus
Du bist die Kraft meiner Gedanken.
Jesus, auferstandener Christus
Du bist die Hoffnung meines Seins.
Jesus, auferstandener Christus
Du bist das Wort meines Herzens.
Jesus, auferstandener Christus
Du bist das ewige Leben.
Jesus, auferstandener Christus
Erbarme Dich meiner.
Amen.

Herr,
Du hast gesagt:
Lasset die Kinder zu mir kommen.
Herr, ich bitte Dich,
Nimm auf meine Bewußtsein als Deine Kinder.
Erlöse sie von ihrer Blindheit mit Deinem Licht.
Amen.

Jesus, Du bist der Arzt in meinem Körper.
Heile ihn und seine Bewußtsein
Mit der Kraft Deiner Gnade.
Amen.

Jesus, Du bist die Zuflucht unseres Lebens.
Du bist bei uns. Wir danken Dir.
Amen.

Jesus, Du bist das Ohr meines Herzens.
Höre gnädig auf das Flehen meines Seins
Und erlöse ihr Sehnen mit Deiner Liebe.
Amen.

Jesus, ich will Dein Diener sein.
Erfülle Deinen Willen in meinem Geist.
Amen.

Jesus,
Du bist das Wort in meinem Herzen,
Aus dem Liebe fließt.
Jesus, Wort Gottes,
Versinke in meinen Bewußtsein.
Befreie sie, wir bitten Dich, von Angst und Pein.
Amen.

Jesus,
Wir sind ratlos in der Verwirrung,
Traurig und allein.
Wir bitten Dich um die Kraft der Klarheit.
Amen.

Jesus, ich fürchte mich vor meiner Angst,
Vor meiner Ungeduld, vor meiner Schuld.
Jesus, Göttliches Licht, durchstrahle mein Sein.
Amen.

Jesus Christus,
Tausend Gedanken
Brechen an den Ufern der Zeit,
Und mit den Wellen des Raumes fließen sie
In meine Vielheit zurück.
Jesus Christus, tausend Gedanken verzehren die Ze
Tragen die Last des irdischen Lebens.
Jesus Christus, erbarme Dich meiner Bedrängnis.
Führe mich an Deiner Hand.
Lenke meine Schritte.
Versöhne meine Gedanken
Mit der Kraft Deiner Liebe.
Amen.

Jesus,
Ich habe Angst, obwohl Du sagtest:
Fürchte dich nicht.
Ich bin mutlos und ohne Kraft,
Verwoben mit dem Leid der Erde.
Jesus, überwinde mich, mach' furchtlos mich
Und halte mich fest in Deiner Wahrheit.
Amen.

Jesus, Erlöser der Welt,
Du bist die Wahrheit und das Leben.
Verwandle mein Wesen, nimm auf mein Sein
In Deine göttliche Liebe.
Amen.

Ich bin durch Dich, Herr Jesus,
Ein lebendiges Licht,
Ein fließender Strom der Liebe,
Ein Hoffnungsfunke und ein Trost,
Wenn andere mich brauchen.
Amen.

Im Namen des Heiligen Geistes
Und im Namen Jesu Christi
Erflehe ich, ewiger Liebesgeist,
Für die Menschen und alle Wesen
Dein Erbarmen. Erlöse uns, Gott.
Amen.

Göttliches Licht,
Du strahlende Sonne meines Wesens,
Du glühender Funke meiner Gedanken,
Du brennende Glut in meinem Sein,
Du mein Zuhause, du ewiges Reich der Liebe,
Löse mich auf, Damit ich in dir zerschmelze.
Amen.

Schöpferische waltende Kraft Gottes.
Mein Geist, geboren aus Deinem Geist,
Mein Leben aus Deinem Leben,
Meine Liebe aus Deiner Liebe
Mein Frieden aus Deinem Frieden.
Schöpferische waltende Kraft Gottes,
Herabgesandt vom Vater als Jesus Christus,
Als Gott in unsere menschlichen Herzen,
Versöhne uns mit allem Leben.
Wir bitten Dich, erhöre uns.
Amen.

Christus, Sonne,
Ewige Glut meines Herzens,
Durchströme mit Deiner Kraft
Den Leib meiner Verzweiflung.
Christus, Verbrenne die Angst,
Diese Schattengestalt,
Die meine Gedanken von Deinen trennt.
Christus, Sonne,
Ewige Glut meines Herzens,
Du Meer aus Licht,
Laß meine Schwere versinken
Im Strom Deiner göttlichen Liebe,
Damit mein Gedächtnis der Zeit
Das Grauen vergißt und sich eint
Mit Deiner Ewigkeit.
Amen.

Schlussgebet von Schwester Céline

Mit den Schwingungen der Engel
Fließen des Nachts eure Bewußtsein
Durch himmlische Sphären.
Kosmischer Klang und Engelsgesang
Halten die Seelen in Bann.
Mit Engeln könnt ihr schweben,
Licht und Frieden tief erleben.
Und steigst du empor,
Begleitet dich durchs Himmelstor
Der Regen des ewigen Segens.
Jenseits deiner Welt, in unseren Himmeln,
Sind alle Quellen klar,
Und wunderbar ist das Sehnen nach dem
Schöpfergeist.
Mit den Schwingungen der Engel
Fließen deine Gedanken,
Wann immer du willst,
In unsere geistigen Flüsse.
Die Sorgen und Schmerzen,
Eingewoben in Körpern und Herzen,
Helfen wir tragen.
Lichtvolle Ströme von Gebeten
Quellen aus unserem Sein,
Tauchen deine Gedanken in Segen ein.

Wir lieben dich jetzt und immer.
Und wenn einst des Todes grauer Schimmer
Dein Fleisch bezwingt,
Hebe empor deine Seelen und singt
Im Chor mit uns Engeln: »Halleluja,
Dank sei dem Geist für das ewige Leben.«
Viele deiner Bewußtsein schweben
In den Strömen der Engel.
Sie leuchten wie Sonnen
Dem ewigen Gott entgegen.
Amen.